박승흡의
메밀 순례기

박승흡의
메밀 순례기
| 구황에서 미식으로 |

박승흡 지음

덩붐

---------- prologue ----------
프롤로그

폭염의 계절이면 시원한 평양냉면, 동치미 막국수 한 그릇이 그립습니다. 겨울철에 별미로 즐기던 음식이었던 평양냉면은 이제 여름을 상징하는 K-푸드의 대표선수로, 강원도를 대표하는 막국수는 전국 어디서나 즐겨 먹는 별미로 진화했습니다.

평양냉면과 막국수는 메밀이 낳은 민족의 음식입니다. 구황작물로서 민족의 삶 속에 자리 잡은 메밀은 이제는 모든 세대가 즐기는 참살이 식품으로 자리 잡았습니다.

조선의 별미, 의병의 소울푸드

조선 후기 문인 홍석모의 《동국세시기》(1849년)에는 11월 음식으로 평양냉면을 소개하고 있습니다.

> "메밀국수를 무김치와 배추김치에 말고 돼지고기를 섞은 것을 냉면이라 한다. 관서지방의 냉면, 그 가운데서도 평양냉면의 맛이 가히 일품이다. 작은 무로 담근 김치를 동침冬沈이라 한다."

조선 후기, 이미 평양냉면은 동치미와 함께 민족의 세시풍속으로 즐긴 겨울철 별미였습니다.

춘천시에서 발간한 《춘천백년사》는 막국수의 유래를 구한말 의병 봉기 시기로 밝히고 있습니다. 명성황후 시해 사건 뒤 춘

천에서는 의암 유인석 선생을 필두로 의병이 들불처럼 일어 났습니다. 그에 대응한 일제의 폭압으로 의병 가족은 산으로 몸을 피해 화전을 일궈 연명해야 했습니다.

춥고 척박한 땅에서도 잘 자라는 메밀은 화전민의 주식이었 습니다. 국수를 뽑을 틀도 없던 시절, 절구로 찧고 맷돌로 간 메밀가루를 반죽해서 칼로 뚝뚝 잘라서 면을 만들고 심심한 동치미 국물에 말아 투박한 한 끼 밥상을 차렸습니다. 이를 칼 싹두기라 했습니다. 의병들의 메밀칼싹두기가 오늘날의 막국 수로 이어졌습니다.

냉면과 막국수는 같은 뿌리에서 나온 음식

평양냉면과 막국수는 동치미에 말아 먹는 메밀국수라는 점에 서 같은 뿌리에서 나온 음식입니다. 동치미는 고려 시대부터 기록이 확인되는 우리 김치의 근본입니다. 무, 소금, 물이 햇 볕과 바람과 별과 함께 숨 쉬며 빚어낸 맑고 시원한 풍미의 원 천입니다. 그렇게 동치미는 오랜 세월 메밀과 짝을 맞춰 한민 족의 DNA가 된 것입니다.

시인 백석은 그의 시 〈국수〉에서 이렇게 묻고 있습니다.

（前略）
아, 이 반가운 것은 무엇인가
이 히수무레하고 부드럽고 수수하고 슴슴한 것은 무엇인가
겨울밤 쩡하니 닉은 동티미국을 좋아하고 얼얼한 댕추가루를 좋아하고 싱싱한 산 꿩의 고기를 좋아하고
그리고 담배 내음새 탄수 내음새 또 수육을 삶는 육수국 내음새 자욱한 더북한 삿방 쩔쩔 끓는 아르궅을 좋아하는 이것은 무엇인가

이 조용한 마을과 이 마을의 으젓한 사람들과 살틀하니 친한 것은 무엇인가
이 그지없이 고담枯淡하고 소박素朴한 것은 무엇인가

시를 읽다 보면 이 시에서 말하는 '국수'는 바로 '냉면'이라는 것을 알 수 있습니다. 《평북방언사전》에 의하면 북한에서는 '냉면'을 국수라고 했습니다. 그러다가 개화기 이후 남쪽 말과 교류가 빈번해지면서 '냉면'이라는 말이 쓰이기 시작했습니

다. 시 속에 '동티미국'이 나오는 걸 보면, '국수'는 동치미 국물이 들어간 물냉면, 즉 평양냉면입니다. 백석 시인의 고향이 평양과 가까운 정주이니 평양냉면을 무척 좋아했던 모양입니다.

'이 반가운 것은 무엇인가'라는 물음에 답하며 국수와 연관된 평범한 일상 속 행복을 주는 국수를 노래합니다. 국수는 단순한 음식이지만 공동체의 행복한 시간을 떠올리게 하는 매개체입니다.

잠시 숨을 멈추고 쉬어가는 평화의 시간, 메밀을 만나러 독자 여러분과 함께 떠나봅니다.

목차

프롤로그 4

1부

메밀 음식의
뿌리를 찾아서

인제 남북면옥 17
강릉 권오복분틀막국수 25
평창 옛날공이메밀국수 33
횡성 장가네막국수 41

2부

메밀과
동치미

은평구 만포면옥 55
남대문 서령 65
서초역 평안면옥 77
동해시 냉면권가 85
서소문 강서면옥 93

3부

오래된 미래,
평양냉면

홍대 입구 평안도상원냉면 103
장충동 평양면옥 111
낙원동 을지면옥 121
역삼동 류경회관 129
용인시 기성면옥 137

4부

우리 곁의
소바

서초동 미나미 151
성수동 소바마에 159
방배동 스바루 167

신영복 선생과 오류동 평양면옥, 그리고 하방연대의 정신 48
'심메순'과 서령, 그리고 동지들과 함께하는 메밀 순례 72
겨울밤에 먹는 메밀배추전과 동치미 냉면 119
평범한 봄날에 먹는 열무메밀국수 135
용인시 교동면옥의 맛과 품격 146
생명의 메밀은 사랑이자 평화입니다 174
한국 사회의 불평등을 피할 수는 없을까, 조돈문 교수와 서관면상 195
한반도메밀순례단 241

5부

변화와 혁신, 메밀 음식의 진화

방이동 봉피양 **179**

홍대 입구 서관면옥 **187**

강남구청역 봉밀가 **199**

서귀포 한라산아래첫마을 **207**

제주시 메밀밭에가시리 **217**

분당 율평 **223**

평창 미가연 **231**

에필로그 251

메밀 연구자는 말한다-1
메밀은 복음福音과도 같다 256

메밀 연구자는 말한다-2
쓴메밀의 특징과 효능 268

1부

메밀 음식의
뿌리를 찾아서

평양냉면과 막국수는 동치미에 말아 먹는 메밀국수라는 점에서 같은 뿌리에서 나온 음식이다. 처음엔 냉면을 국수라고 했다가 개화기 이후 남쪽 말과 교류가 빈번해지면서 '냉면'이라는 말이 쓰이기 시작했다. 시인 백석의 시 속에 나오는 '동티미국'은 냉면 중에서도 육수에 동치미 국물이 들어간 물냉면, 즉 평양냉면이다.

| 인제 |
남북면옥

하얀 메밀 속가루만 사용,
70년 동안 지켜온 100% 순면의 정성

《음식디미방》飮食知味方은 최초의 한글 음식조리서다. 지은이는 경북 안동과 영양에서 살았던 안동 장씨 장계향1598~1680으로, 그가 말년에 146개 항에 달하는 음식 조리법을 한글로 서술한 것이다. 이 책은 17세기 중엽 사람들이 무엇을 어떻게 만들어 먹었는지 조선 시대 음식문화를 알려 주는 가장 중요한 문헌이다.

"겉메밀을 씻어 너무 많이 말리지 말고 알맞게 말린다. 메밀을 깨끗이 껍질 벗겨 찧을 때 미리 물을 뿌려 축축하게 해 둔다. 메밀 5되에 껍질 벗겨 불린 녹두 1복자아가리 좁은 병에 간장이나 기름을 부을 때 쓰는 귀 달린 그릇를 섞어 가만가만 방아로 찧어 겉가루는 채에 쳐 버린다. 키로 다시 쳐 나머지 껍질도 버리고 찧으면 그 가루가 매우 희다. 면을 만들 때 따뜻한 물에 무르게 반죽하여 국수틀에 누르면 빛이 희고 좋은 면이 된다."

메밀은 배아, 배유, 속껍질, 겉껍질의 4가지 결을 지닌다. 속껍질을 체에 걸러 내고 하얀색 속 가루를 뽑고 있다. 녹두 가루를 섞어 점성을 확보하고 익반죽한다. 흰 빛깔 메밀면이다. 메밀은 이미 조선 중기에 구황작물이자 백성들의 일반 음식 재료로 자리를 잡았다.

작고한 권계복1914년생, 김옥희1919년생 부부가 1955년 강원도 인제군 인제읍 남북리에서 문을 연 메밀국수집이 있다. 처음엔 겨울철 농한기에만 임시로 영업을 하던 무허가 식당이었다. 한국전쟁 직후 먹고 살기 어렵던 시절, 국수 장사는 살림

살이에 적지 않은 도움이 됐다고 한다. 국수 장사가 가족들이 살림을 꾸리는 밑천이었다. 그후 소문이 나면서 1961년에 정식 허가 등록을 했다.

군청에서 가까운 구옥에서 지금의 인제읍 상동리로 옮겨 3대째 이어오고 있다. 개인적으로는 메밀 애호가였던 필자의 선친평안북도 위원군 출신과 창업주가 갑장 사이였던 데다가, 초등학교 입학 전 선친의 손에 이끌려 메밀에 입문한 곳이기도 하다.

당시 인제에는 쌀농사보다는 오히려 메밀 농사로 삶을 지탱한 화전민이 많았다. 그러나 1970년대 정부의 화전 개간 금지 조치로 인제산 메밀의 명맥도 끊기게 되었다. 전분과 수입 밀가루가 메밀을 대체하던 시절이었지만, 남북면옥은 인제산 메밀로 정성껏 순 메밀막국수를 지켜냈다.

"시아버지와 시어머니, 남편 모두 인제 토박이였습니다. 국수 맛의 비법은 특별히 없습니다. 성실함이 최고 비결이죠. 메밀은 워낙 예민해서 타이밍을 놓치면 국수가 맛이 없어집니다. 그걸 맞추는 게 가장 힘들면서도 맛을 똑같이 유지하는 비결이기도 합니다."

70년 동안 지켜온 메밀 함량 100%. 50년 넘게 흰색의 메밀 속 가루만을 공급받아 주문 즉시 '냉'반죽한다.

"100% 메밀가루는 찬물을 써야 반죽이 잘 되고 면의 향과 탄력성을 유지할 수 있어요."

분창은 크기에 따라 면의 가늘고 굵은 정도를 조절하는 구멍 난 통이다. 이는 자기 크기만큼 다양한 결의 면을 내리는 데 유용하다. 2분 정도 삶은 면은 가늘고 부드러우며 메밀 향이 살아 있다. 동치미는 간이 세지 않고 시원하며 깔끔하다. 고명은 초절임 무와 오이뿐으로 간명하다. 김장철에 인제산 갓으로 담근 칼칼한 갓김치는 다음해 5월까지 맛볼 수 있다. 갓김치를 얹어 갓 삶아 쫄깃한 쫄대살돼지 앞뒤 다리 살의 인제 방언 수육 한 점과 먹는 순 메밀면의 맛은 일품이다. 그 매력을 널리 알린 인물은 고 황광해 음식 평론가와 박찬일 셰프다.

반은 비빔국수로, 반은 동치미 국수로 선후는 각자 선택이다.

한 결은 '하나'이면서 '큰 결'이다. '하나'는 지켜야 하는 원칙이고 그것을 전제할 때만 큰 성취로 나아갈 수 있다고 메밀 장인은 말한다. '결'은 유연한 아름다움이다. 결을 낳고 결을 성숙시키고 결의 완성으로 나아가는 유일한 힘은 정성이다. 그리운 고향처럼 늘 '한결' 같은 메밀국숫집.

현재 한채숙 씨와 아들 권순갑32세 씨가 대를 잇고 있다. 한씨의 남편이자 고향의 벗, 그리고 고집스럽게 손반죽으로 정성껏 메밀 순면을 빚어 온 메밀장인 고 권수일 님은 몇 년 전 하늘의 별이 됐다.

1974년부터 원대리에 조성한 70만 그루의 자작나무 숲. 인제에 가면, 자작나무의 순백한 빛깔 그대로를 담아 낸 남북면옥의 순 메밀면을 만나는 기쁨이 있다.

주소 강원특별자치도 인제군 인제읍 인제로178번길 24
전화 033-461-2219
주요 메뉴 순메밀동치미국수, 순메밀비빔국수, 돼지수육, 감자전

| 강릉 |

권오복분틀막국수

정선산 메밀로 옛날 분틀에서 뽑아내는
수제 분틀 메밀국수

메밀은 구황救荒 음식이다. 흉년이 들어 극심한 굶주림에 허덕이던 극빈층을 구했다. 절구질, 맷돌질로 메밀가루를 만들었으니 빻고 가는 행위는 생존 그 자체였다.

그러나 강원도 지역은 1970년대 전기가 귀했다. 깊은 산골에서 고운 메밀가루를 만들기란 불가능한 일이었다. 메밀의 겉껍질을 벗긴 것을 녹쌀이라 한다. 녹쌀은 전기를 이용한 제분 시설이 아니면 만들 수 없다. 어쩔 수 없이 겉껍질째 절구질, 맷돌질을 해서 메밀가루를 만들었다. 면을 뽑는 유압식 기계는 1980년대가 되어서야 가능했다. 그 이전에는 대부분 분틀(국수틀) 형태였다. 그때를 그대로 재현한 곳이 강릉의 '권오복분틀막국수'다.

주인장은 평창 진부, 아내 신동욱 씨는 정선 고한 출신이다. 두 분의 열정과 노력으로 메밀막국수 면 만들기 원형이 재현되었다. 오로지 국내산 메밀, 정선 녹쌀로 당일 사용할 면을 직접 제분하고 주문이 들어오면 반죽해 분틀에서 면을 뽑는다.

녹쌀은 메쌀로 불리기도 한다. 쌀이 귀했던 강원도 산골에서는 메밀이 쌀 대용이었다. 유압식 기계에서 나오는 면은 균질한 데 반해 분틀로 뽑는 면은 힘의 강도에 따라 면의 굵기가 제각각이다. 면에 소다를 사용하면 분틀로 면을 내릴 수가 없다. 식용소다를 쓰지 않는 이유다.

정선산 메밀 100%로 만든 국수. 굵게 간 메밀가루이기에 오히려 향이 더욱 강하고, 또한 차가운 상태에서 갈아야 향이 오래 남는다고 한다. 메밀은 열에 매우 민감하고 날씨, 온도와 습도에 예민하다. 습도의 영향은 손 반죽을 할 때 느낄 수 있다고 한다.

자줏빛 동치미가 나온다. 겨울에는 갓김치가 나온다. 고명은 달걀지단, 김 가루, 오이가 전부. 삶은 달걀은 없다. 간장 양념장과 들기름이 나온다. 골동면비빔면으로 간장, 들기름에 비벼 먹거나 동치미에 말아 먹거나 둘의 앞뒤만 있다. 동치미에 말아 먹으면 슴슴하고 구수한 메밀 맛을, 간장에 비벼 먹으면 면발의 질감을 느낄 수 있으리라.

'단짠'에 길들여지고 조미료에 포위돼 감각이 무디어진 입과 코가 '무미'의 극한을 느끼고 놀란다. 맛이 없기 때문이다. 조미료가 전혀 들어가지 않은 음식이라 혀가 놀라고 코는 잠시 쉬어가고 입맛은 몹시 불편하다. 한마디로 양념이 진하지 않아 메밀 본래의 맛을 느낄 수 있다.

평생토록 부부가 전통 방식을 유지하고자 노력해 온 고집과 철학이 면에 담겨 있는 이곳은 목적의식적(?)으로 찾아가야만 한다. 평가 이전에 무한한 존경과 감사를 드릴 수밖에 없다. 강원도 메밀막국수가 평양냉면, 일본 소바를 능가하는 음식으로 발전한다면 그 동력의 원천이 이곳이었다고 해도 과언은 아닐 것이다.

묵직한 구수함, 면발의 투박함 그러면서도 목 넘김이 부드러운 '100% 메밀국수'이다. 조미료라는 관행이 획일화된 선택을 강요할 때, 엔도르핀 치솟게 하는 단맛의 폭력이 일상화할 때, 익숙함이 얽어매는 '틀'이 너무도 지겨워 결별하고 싶을 때, 강릉으로 떠난다.

주소 강원특별자치도 강릉시 율곡로 2713
전화 033-641-6162
주요 메뉴 메밀비빔국수, 메밀동치미국수, 온면, 메밀전

| 평창 |
옛날공이메밀국수

메밀꽃 피는 평창군 용평의
진짜 메밀국수

메밀은 검은색 삼각뿔 모양을 하고 있다. 삼각뿔의 한가운데에 씨눈16%이 들어 있다. 씨눈을 둘러싼 씨젖 부분을 '속가루층'내분층이라 하는데, 그것이 첫 번째 가루로 나온다. 흰색이다. 씨젖은 메밀 전체에서 53%를 차지하는데, 씨눈과 함께 첫 번째 가루로 빠져나가고 남은 씨젖 부분을 갈아 두 번째 가루중층분를 만든다. 옅은 누런색이다. 마지막이 속껍질가루12%인데, 세 번째 가루표층분로 나온다. 선도가 좋은 녹색을 띤다.

일본의 소바메밀는 첫 번째, 두 번째, 세 번째 가루를 구분해서 면을 만든다. 우리는 세 가지 가루를 구분하지 않고 모두 섞어 전층분으로 메밀가루를 뽑는다.

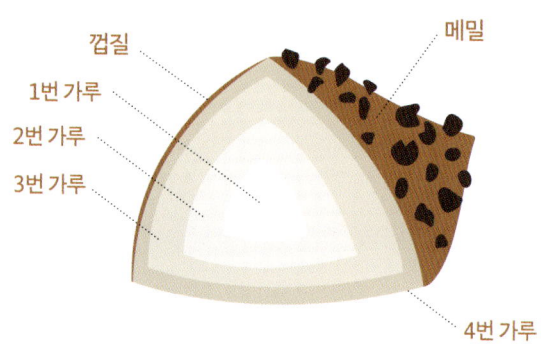

메밀국수의 다른 이름인 막국수의 '막'은 여러 의미를 지닌다. 메밀의 예민한 성질을 반영하여 주문과 동시에 지금, 바로 반죽하여 뽑아낸 국수를 뜻한다. 또 제분 기술이 낮아 거칠게 갈아낸 가루로 만든 국수, 또는 조리의 투박함, 즉 대충 막 만들어 먹는 국수라는 뜻도 있다. 그렇지만 현재는 제분 기술이 고도화한 상황. 무엇보다 메밀은 혈관에 좋은 루틴비타민P 성분과 저열량으로 웰빙 음식의 품격을 누리고 있다.

강원도 평창 용평에 '옛날공이메밀국수'가 있다. 주인장 권혁철 씨는 앞서 설명한 세 종류의 가루에 메밀의 네 번째 겉껍질가루19%, 검은색도 섞어서 메밀면을 완성한 듯하다. 메밀을 겉껍질째 맷돌에 갈거나 절구에 빻아 국수를 먹던 시절의 거친 메밀면을 복원하려는 의도가 엿보인다. 짙은 갈색을 띤 95.35% 메밀면이다.

메밀 함량을 소수점 두 자리까지 밝힌 이유가 궁금하다. 그가 막국수가 아니라 메밀국수로 명명하고 메밀 함량을 밝힌 이유는 막국수의 '막'이 지닌 마구, 대충 만들어 먹는 국수라는 부정적 의미에 절대 동의하지 않기 때문이리라.

공이는 국수틀에 들어가는 반죽 덩어리를 말한다. 반2분의 1공이, 한 공이가 있다. 한 공이6인분를 주문하면 사리국수를 동그랗게 포개어 감은 뭉치 16개가 채반에 담겨 나온다. 동치미를 담은 주전자와 달걀지단, 오이채 그리고 찬으로 무김치, 열무김치가 곁들여 나온다.

열무김치 대신 갓김치가 나올 때도 있다. 평창 갓으로 담근 갓

맛있게 드시는법

◎ 양념 만들기

먼저 면을 넣기 전 육수를 반컵정도 붓고 양념간장 한스푼, 식초, 들기름, 설탕, 들깨가루를 적당히 넣는다. 겨자와 양념장을 넣고 계란고명과 김을 곁들인 후 무김치와 갓김치를 적당히 넣고 골고루 무친 후 면을 넣고 맛있게 드세요.

※ 육수를 붓지 않고 비빔으로 드시면 더욱더 맛있습니다.

김치는 겨울에서 늦은 봄까지 맛볼 수 있다. 메밀국수를 제공하되 간섭하지 않는다. 하늘의 별만큼 다양한 취향과 개성을 발휘해 자기만의 메밀국수를 창조하는 기쁨을 누릴 수 있다. 주인장의 '맛있게 드시는 법'은 단지 참조 사항일 뿐이다.

동치미에 메밀국수를 말아 먹는다. 고랭지 '무'로 담근 동치미는 맑고 시원하다. 간장과 들기름을 넣고 비벼 먹을 수도 있다. 양념간장, 겨자, 식초, 설탕, 김가루, 들깨가루를 섞고 들기름 두르고 무김치와 열무김치를 얹어 골동면의 전통을 먹는다. 짠맛, 단맛, 감칠맛, 신맛, 쓴맛의 향연을 즐긴다. 순서는 스스로 택한다.

'골동면'은 여러 재료가 섞인 비빔국수를 뜻한다. 19세기 중반 홍석모의 《동국세시기》에는 "잡채와 배, 밤, 쇠고기, 돼지고기 썬 것과 기름, 간장을 메밀국수에 섞은 것을 골동면"이라 기록하고 있다.

메밀 함량이 높으면 면은 뚝뚝 끊기기 마련이다. 어릴 때 먹던 메밀묵이 잘 부서진 것은 바로 메밀 함량이 높았기 때문이

다. 옛날공이메밀국수를 먹어 보면 다른 곳에서 먹었던 메밀 막국수와 비교가 안 될 정도로 면이 잘 끊어진다. 한마디로 평창 용평의 테루아Terroir를 반영한 메밀국수로 손색없다. 테루아는 프랑스어로 땅이나 흙을 뜻하는 단어로, 기후와 토양, 공기, 물, 햇살, 바람이 키워낸 작물과 손이 만들어 내는 지역 음식 고유의 정체성과 풍미를 말한다.

평창군 용평의 옛날공이메밀국수는 공존이 빚어내는 담백한 맛 속 아우름의 멋을 누리고 싶을 때 먼 길 떠나 찾아가는 곳이다.

주소 강원특별자치도 평창군 용평면 마산골길 19-8
전화 033-332-1948
주요 메뉴 공이메밀국수, 메밀꿩찐만두, 돼지고기수육

| 횡성 |
장가네막국수

주문 즉시 반죽하여 내놓는
메밀싹 막국수

메밀은 고원 지역의 척박한 땅에서도 잘 자란다. 수해나 가뭄으로 농사를 망친 절망의 땅에 메밀을 뿌리고 두 달이면 수확한다.

횡성은 대표적인 강원도 산간 지역이다. 횡성군 둔내에서 가장 골이 깊다는 곶은골은 둔덕 너머 평창에 이르도록 화전으로 일군 너른 메밀밭이 펼쳐졌다. 청일면 고라데이 골짜기의 강원도 사투리 마을

역시 화전에 감자, 옥수수, 메밀을 키워 기나긴 추위 속 배고픔을 달랬다.

'산뫼, 메에서 나는 밀', 즉 메밀은 노란 뿌리, 붉은 줄기, 녹색 잎, 흰색 꽃, 검은 열매의 오방색을 띤다. 선조들은 천지 기운인 오행을 담은 오행식물이자 오방지영물五方之靈物로 메밀의 생명력을 상징화했다. 현대 과학은 메밀의 루틴비타민P을 포함하여 여러 효능을 밝혀냈다.

화전민 음식의 전통을 이어받은 막국수 명가가 횡성에는 곳곳에 즐비하다. 장태성·김후순 부부의 장가네막국수도 그중 한 곳이다. 횡성읍 옥동리에서 10년 장사를 하다, 횡성읍 학곡리에 자리를 튼 지도 어느새 10년이 넘었다.

이 집의 가장 큰 특징이자 자랑은 툭툭 끊어지는 구수한 순 메밀면이다. 찬물로 냉 반죽하고, 손님이 아주 많을 때를 빼고는 직접 손으로 반죽을 한다.

손과 어깨의 수고로움이 빚어내는 100% 메밀면의 질감은 투

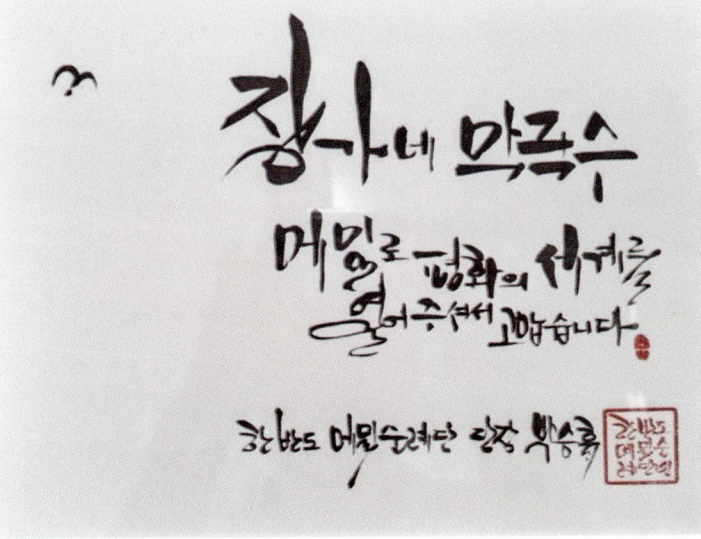

글씨 | 한상일(캘리그래퍼)

박하다. 메밀은 글루텐이 없어서 밀가루 등 다른 재료의 도움 없이는 뭉쳐지지 않는다. 때문에 100% 메밀면은 불가능하다고 한다. 그것도 지금은 옛날이야기일 뿐이다. 탈피 기술과 섬세한 제분 과정 그리고 제면 기술이 결합해서 100% 메밀 막국수로 진화 중이다.

주문 즉시 면을 뽑아 삶는다. 때문에 기다림의 시간이 필요하다. 한 그릇을 비워낼 즈음 면발은 처음보다 약간 풀어진다. 면수에서 느껴지는 메밀 향으로 행복을 만끽할 수 있다. 메밀 함량이 높지 않으면 면수를 제공하기 힘들다. 면수가 끈적한 풀처럼 되기 때문이다. 살얼음 살짝 낀 짭짤한 양지 100% 육수. 육수를 낸 양지는 고명용 편육으로 사용하지 않는다. 메밀 싹, 초절임 무, 채 썬 오이가 올라온다. 의무 방어처럼 올리는 삶은 달걀 대신 고명으로 오른 아삭한 메밀 싹은 화룡점정이다.

명태회 막국수는 직접 담근 명태식해가 잘게 썰려 듬뿍 올라온다. 명태식해는 칼칼함이 담백한 메밀면과 맛의 조화를 이루는데 단맛이 강해 호불호가 있다. 여름 제철에는 직접 담근 얼갈이 열무김치와 막국수가 어울린다. 다른 계절엔 김치가 나온다. 초절임 무는 좀 시다. 강한 신맛 역시 호불호가 갈린다. 명태회 막국수, 양념장 올린 막국수, 메밀 싹만 올린 막국수, 들기름 골동면. 4가지 막국수를 취향대로 먹는 것도 추천한다.

식초는 살균 작용을 위해, 겨자는 메밀의 찬 성질을 따뜻한 기운으로 보완키 위해, 설탕은 감칠맛을 위해 첨가해 먹기도 한다. 맛과 취향은 밤하늘의 별만큼 스스로의 세계에서 빛난다. 주말에도 오후 5시까지만 영업한다. 손님으로선 짧은 영업시간이 아쉬울 수도 있으니 서둘러야 한다.

부부가 욕심내지 않고 정성을 다해 대접하는 정직한 메밀 음식은 몸과 마음을 맑게 해 준다.

횡성읍 마산리 버덩말 경관농업단지에는 약 20만 제곱미터 6만평 규모의 메밀밭이 있다. 여름 메밀은 6월, 가을 메밀은 9월, 흰 꽃바다가 일렁인다.

"흔들리지 않고 피는 꽃이 어디 있으랴."
시인이 말했듯이 가끔 삶이 휘청휘청 흔들릴 때 메밀꽃 일렁이는 버덩말에 들러 '장가네막국수'로 향한다.

주소 강원특별자치도 횡성군 횡성읍 한우로 116
전화 033-343-8377
주요 메뉴 막국수, 명태회막국수, 메밀꿩만두, 수육

신영복 선생과 오류동 평양면옥, 그리고 하방연대의 정신

1992년 7월 18일 PC통신망에서 1호 신문을 낸 <매일노동뉴스>는 2024년 12월 18일, 8,000번째 신문을 발간했다. 그리고 10,000호를 향해 계속 힘차게 나아가고 있다. 지금에 이르기까지 매일노동뉴스가 지향해 온 가치를 늘 되새기곤 한다. 제일 먼저 2016년 1월 15일 우리 곁을 떠난 고 신영복 선생께서 매일노동뉴스에 주신 두 가지 선물이 자연스럽게 떠오른다.

2003년 10월, 초대 발행인인 고 노회찬 대표로부터 신문사를 이어받은 나는 사시社是를 '사회진보와 공익 그리고 민주적 참여'로 정했다. 지령 3,000호 기념행사를 앞두고 당시 성공회대 대학원 원장으로 재직하시던 신영복 선생을 2004년 9월 초에 찾아 뵈었다. 서울시 구로구 오류동 평양면옥에서 선생께 평양냉면을 대접해 드리고 사시를 어깨동무체 붓글씨로 써 주십사 청을 드렸다.

신영복 선생은 "인간이 인간을 혹독하게 착취하고 인간성을 해체하는 자본주의 사회, 끝없는 갈등과 대립으로 치닫는 정치 현실에서 매일노동뉴스가 지향해야 할 가치와 방향을 사시로 잘 담았다."고 격려했다. 이와 함께 선생께서는 "매일노동뉴스는 석과불식碩果不食의 '석과'와 같은 존재다. 가지 끝에 마지막 남은 감은 먹지 않고 씨를 받아 다음 해에 심고, 그 씨앗은 봄의 새싹으로 자라 나무가 되고 이윽고 숲을 이룬다. 우리 사회가 인간성을 회복하는 길에 든든한 노동자의 벗이 되어 주길 바란다."고 당부했다.

며칠 뒤 목동의 자택을 방문해 일필휘지로 써 주신 축하의 붓글씨를 받았다.

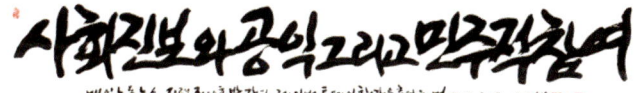

2012년 10월, 창립 20주년 및 지령 5천호 행사를 앞두고 신영복 선생을 찾아가기까지 다시 8년의 세월이 흘렀다. 선생이 내 고향인 강원도

인제의 미산계곡 산방에 '더불어숲학교'를 열었을 당시, 선생은 인제군 농민회 동지들과 인연을 맺은 바 있다. 고향의 농민회 동지들이 직접 기른 무농약 들깨로 짠 생들기름 몇 병을 들고 추석 직후 5,000호를 맞이하는 기념 붓글씨를 부탁드리고자 선생을 찾아뵈었다.

"개인과 사회의 역량을 키우기 위해선 물처럼 낮은 곳으로 연대하는 실천이 필요하다. 매일노동뉴스가 비정규 노동자, 실직으로 고통받는 실업자, 조직 틀 바깥의 미조직 노동자와 연대하는 하방연대의 숲을 이뤄 주길 바란다."는 당부와 함께 선생이 붓을 들고 한 자 한 자 써 내려가 완성한 글귀. '노동, 세상을 꽃 피우는 힘'. 지금도 매일노동뉴스 직원들의 명함과 각종 홍보물에 빠짐없이 새겨지고 있다.

노동, 세상을 꽃피우는 힘

매일노동뉴스 창간 20주년 지령 5,000호를 축하하며, 쇠귀

그로부터 12년이 지난 지금도 조직화된 노조 바깥의 노동자들은 그대로다. 오히려 노조 우산 아래 있는 노동자들과의 격차는 더 벌어지지 않았나 싶다. 노동이 세상을 꽃 피우는 힘이 되기에는 아직 멀어 보인

다. 오래전부터 낮은 곳을 향했던 신영복 선생의 시선을 새삼 따라간다. 매일노동뉴스가 노동 세상에 보태야 할 것이 선명해진다.
신영복 선생이 남겨주신 선물 '석과불식'과 '하방연대'의 정신.
8,000호를 맞이하는 매일노동뉴스의 가슴에 별처럼 빛나고 있다.

_2024. 12. 18, <매일노동뉴스> 지령 8,000호를 기념하며

2부

메밀과 동치미

동치미에 국수를 넣고 무, 오이, 배, 유자를 함께 넣고 돼지고기와 달걀지단을 올리고 후추와 잣을 뿌리면 바로 냉면이다. 냉면 레시피에 대한 최초의 기록은 《규합총서》에 나오는데, 특히 동치미를 냉면 국물로 사용한다고 설명하고 있다. 지금은 더운 여름에 먹는 대표적인 음식 중 하나이지만 예전에는 겨울에 먹던 음식이었다.

| 은평구 |
만포면옥

3대를 이어온 한결같은 맛,
이북 음식의 자존심이자
동치미 평양냉면의 출발

냉면 레시피에 대한 최초의 기록은 《규합총서》閨閣叢書, 1809년에 나온다. 규합총서는 조선 후기 유일한 여성 실학자 빙허각 이씨가 순 한글 고어체로 집필한 생활 백과사전으로, 냉면 역사상 가장 뜻깊은 책이다. 지금은 더운 여름에 먹는 대표적인 음식 중 하나이지만 예전에는 겨울에 먹던 음식이었다. 특히 동치미를 냉면 국물로 사용한다고 설명하고 있다.

"잘고 모양 예쁜 늦가을 무를 꼬리째 깨끗이 깎아 간 맞추어 절인다. 하루 지나 다 절거든 독을 묻고 넣는다. 어린 오이와 가지를 재에 묻는 방법으로 두면 갓 딴 듯하니 무 절일 때 같이 절였다가 넣고, 배와 유자를 통째로 넣는다. 흰 뿌리째 한 치 길이씩 잘라 열십자 칼집 넣은 파, 생강 편, 씨 없이 반듯하게 썬 고추를 위에 많이 넣는다. 좋은 물에 소금 간 맞추어 고운 체로 받쳐 가득 붓고 두껍게 봉하여 둔다. 겨울에 익으면 배와 유자는 썰고 그 국물에 꿀을 타고 석류에 잣 뿌려 쓰면 맑고 산뜻하며 맛이 좋다. 동치미국에 가는 국수 넣고 무, 오이, 배, 유자를 같이 저며 얹고 돼지고기와 달걀지단을 올리고 후추와 잣을 뿌리면 바로 냉면이다."

겨울 동치미의 '쩡'한 기운에 유자 향, 석류의 예쁜 빛깔, 꿀의 단맛이 합류한다. 가는 메밀국수에 동치미 속 재료를 고명으로 올리고 후추의 칼칼함, 잣의 고소함이 더해져 조선 후기 서울 양반댁 '빙허각 냉면'이 완성된다. 맛있는 동치미, 냉면의 출발점이다.

지용석·정현아 부부가 운영하는 서울 은평구 만포면옥은 점

점 찾아보기 힘든 '동치미평양냉면'의 대표 주자로 손색이 없다.

"아버님 고향은 평안북도 강계이고, 어머님은 평안남도 용강 분이세요. 두 분이 고기국물에 동치미를 섞은 육수를 만드셨지요."

보름에 한 번 담그는 동치미 국물에 3시간 고아낸 차돌, 양지

육수를 더한다. 계절마다 맛 차이가 크게 나는 무로 담그는 동치미는 매일 매시간 익어 가며 맛에 변화가 일어난다. 그 맛을 변함없이 유지해 온 52년의 세월은 동치미가 육수의 중심을 이루는 풍미를 낳았다.

메밀 함량은 여름 60%, 겨울 70%를 유지한다. 나머지는 밀가루, 고구마, 감자 전분을 적당히 섞는다. 약간의 소금을 넣고 냉 반죽을 고수하며 주문 즉시 면을 뽑아 삶는다.

"면을 반죽할 때 식용소다를 쓰면 메밀 향으로 착각하는 냄새가 난다. 과거에는 썼으나 요즘은 쓰지 않는다."고 하는데, 중간 두께의 찰기 있는 면에서 구수한 메밀 향이 은은히 올라온다. 달걀 반쪽, 양지 편육 두 점, 배와 절인 오이, 초절임 무가 오른다.

놋그릇은 메밀 음식의 품격을 높인다. 백김치는 단맛이 없다. 담백하고 개운하다. 백김치와 동치미 냉면의 조화는 기쁨 두 배. 극단을 배제하고 상대성을 중시하는 실행 가치가 중용이라면 부족하지도 그렇다고 넘치지도 않는 균형을 잘 잡은 바로 그 중용의 맛이다.

탐미주의耽味主義가 낳은 걸작은 우마미旨味, 감칠맛이다. 1908년 아지노모토MSG의 등장은 육수에 감칠맛을 더해준 신의 한 수다. 생화학 연구는 기본 오미五味의 하나로 감칠맛을 느끼는 혀의 미각 수용체 돌기가 별도로 존재함을 밝혀냈다. 유명 맛집, 어머니 손맛의 비밀병기. 백가쟁명의 유해 논쟁도 막을 내렸다.

북쪽의 냉면 조리법에도 나와 있는 '맛내기 1g'. 딱 그만큼의 감칠맛이 만포면옥 육수에도 담겨 있다. 그런들 어떠하랴. 무미는 대법과도 통하는 법이다.

우리 역사의 맥락을 꿰뚫는 저작으로 민족의 분발을 호소한 작가 김훈 선생은 만포면옥에서 이 책의 추천사를 부탁드리자 이렇게 응낙했다.

"히스무레하고 수수하고 슴슴한 것이 온갖 더하려는 맛의 세계에서 벗어난다. 인생관을 바꿔주는 맛의 세계가 이곳에 있다."

만포면옥 정현아 대표와 김훈 작가, 그리고 필자

'평양만두', '눈꽃만두', '녹두빈대떡'의 맛이 대단해서 절제가 필요하다. '눈꽃만두'라는 이쁜 이름으로 무장한 만두는 튀김만두다. 기름 맛을 좋아하는 젊은 층이 선호할 맛이다.

오롯이 지켜온 신념으로 '동치미평양냉면' 백 년을 가꿔가는 곳이다.

| 주소 서울시 은평구 연서로 171
| 전화 02-389-3917
| **주요 메뉴** 평양물냉면, 비빔냉면, 평양만두, 어복쟁반, 녹두지짐, 수육

| 남대문 |
서령

'막국수의 성지' 홍천 장원막국수,
강화도 서령을 거쳐
드디어 서울에 상륙하다

 2022년 11월 30일 평양냉면 풍습Pyongyang Raengmyon custom이 유네스코 인류무형문화유산에 등재됐다.

"메밀을 주재료로 만든 차가운 국수인 평양냉면은 북한에서 오랫동안 계승돼 온 음식이다. 고기, 김치, 채소, 과일, 고명을 놋그릇에 담아 얹어 내놓는다. 시원한 육수나 동치미, 김칫국물을 면 위에 부어주면 완성이다. 평양 사람들의 삶에 깊이 뿌리내린 전통 민속 요리로 장수, 행복, 환대, 유쾌함,

존경, 친밀감, 유대감을 북돋운다."

유네스코는 특정 음식을 지정하지 않는다. 2015년엔 김치 담그기 풍습이 등록되었다.

지금의 남대문 평양냉면 맛집 '서령' 본점을 소개하려면 약간의 설명이 필요하다.

2001년 홍천의 장원막국수는 동치미 순메밀막국수의 성지였다. 메밀로 대성공한 고기리 장원막국수 현재는 고기리막국수 주인장 부부도 이곳에서 사사했고, 지금도 전국에 산재한 장원막국수의 원조 본가였다. 정종문·이경희 부부가 그 주인공이다. 이들 부부는 2020년 홍천을 떠나 강화도로 이주해, 강화 장원막국수를 운영하다가 이어 평양냉면집으로 전환해 서령을 운영하였다.

강화도에서도 폭발적인 인기를 구사하던 서령은 2024년 봄 드디어 서울로 입성, 남대문 근처 서령으로 평양냉면의 진수를 펼치고 있다. 회현역 5번 출구, 서울역 4번 출구에서 도보 5

분 거리에 위치한 단암타워 1층에 있다.

서령은 100% 메밀면만 사용한다. 특히 메밀 반죽 시 소금을 전혀 넣지 않는다. 수급에 따라 메밀 원산지는 가리지 않지만, 추운 지역 1모작 메밀, 몽골과 중국산 메밀을 쓴다. 100% 양지와 사태 육수, 채소를 사용해 새벽 4시부터 6시간 동안 정성껏 끓여낸다. 그래서 깊으면서도 뒷맛이 깔끔하다. 순면은 두툼한 식감과 함께 씹을 때마다 고소한 곡향이 계속 난다.

면을 섞은 뒤 염도는 1.0, 육수 온도는 15도를 맞춘다. 첫맛은 짭짤한 소금 맛. 육수와 메밀면이 생동감 있게 어울리며 육수의 맛은 나중에 올라온다. 너무 차지 않은 시원함이 메밀면을 돋보이게 한다. 체면 불고하고 남김없이 비울 만큼 매력적이다. 나트륨 과다 섭취 경고를 가볍게 넘어선다.

고명으로 낸 사태 편육은 육수에 담겨 있다. 부드럽다. 차갑게 올린 편육은 보통 나무껍질 마냥 딱딱하고 가끔 비린내를 풍기는데 그것과는 거리가 멀다. 삶은 달걀 반 개, 달걀지단, 껍질과 속을 얇게 채 낸 오이가 오른다.

위 남대문 서령 정종문 면장 아래 남대문 서령 이경희 대표

고춧가루 무채와 초절임 무채가 기본 찬이다. 순메밀면의 담백함에 얹히는 무채가 인상적이지만 당도가 높아 호불호가 갈린다.

'맛'은 신뢰 속 심리적 안정감이 있을 때 최적화된다. 최상의 식재료를 구하기 위한 주인장의 노력에 대한 믿음이 메밀 '맛'을 더욱 배가한다. 홍천에서 순메밀면과 동치미에 바쳤던 두 부부의 헌신과 열정이 한우 육수에 담겨 평양냉면 한 그릇으로 부활하고 있다.

인류무형문화유산이 서령에서 꽃을 피우고 있다. 정성을 주고받는 소중한 사람의 손을 잡고 함께 찾아가는 곳이다.

*매일노동뉴스에 원고를 실을 당시에는 강화도 서령이었다. 왼쪽의 사진은 그때 찍은 것이다. 한편 강화도 서령 자리에 현재 '설령'이란 상호로 냉면집이 운영되는데, 서령과는 아무런 연관이 없다.

주소 서울시 중구 소월로 10 단암타워 1층
전화 0507-1427-8766
주요 메뉴 서령순면, 비빔순면, 들기름순면, 항정제육, 만둣국, 한우등심불고기

'심메순'과 서령, 그리고 동지들과 함께하는 메밀 순례

내게는 메밀의 추억을 평생 현재화하며 살아온 고향 선배와 벗들이 있다. 바로 '심일선메밀순례단'_{심메순}이다. '심메순'은 격월로 메밀음식_{평양냉면, 막국수, 소바} 맛집을 순례한 지 오래다. 좌장격인 심일선 형님은 강릉 태생이신데, 태어나서 지금껏 메밀 음식을 사랑해 온 길고 긴 이력의 소유자시다. 이수홍 형님은 철원, 화천, 춘천의 메밀맛집을 꿰고 있고, 벗인 이창배는 횡성, 홍천, 원주 포함 강원도 전역과 경인권의 맛집 마니아다. 나는 '심메순'의 막내로 일정 기획을 담당하고 있다.

홍천 장원막국수 시절은 물론 강화도에서 서령으로 평양냉면을 열었

을 때도 정종문·이경희 부부를 응원하고 매일노동뉴스에 〈박승흡의 메밀 이야기〉 칼럼으로 실었는데, 이제 남대문 서령으로 안착하고 있어서 2024년 7월 초에 기쁜 마음으로 달려가 함께 손을 꼭 잡았다.

서령 메밀 순례 후에는 영풍 고문으로 전봉준 동상 건립에 일조하신 심일선 형님을 앞세우고 남대문에서 종로 영풍문고 본점 앞 전봉준 동상까지 걸었다. 메밀은 민족의 역사와 함께하고 있고 메밀과 동학은 생명과 평화를 품고 있다고 주거니 받거니 이야기꽃을 피웠다.

2024년 8월 말에도 역시 남대문 서령에서 존경하고 사랑하는 선배 동지들과 뜻깊은 만남을 가졌다. '거리의 신부'로 널리 알려진 송경용 신부, 이수호 전 민주노총 위원장, 김동만 전 한국노총 위원장, 그리고 심일선 형님과 함께한 자리였다. 내게는 언제나 등불 같고, 등대 같은 가르침을 주시는 분들이다.

| 서초역 |

평안면옥 동신명가

동치미 평양냉면의 전통을 이어가는 3대의 정성,
평양을 넘어선 '평안'냉면의 포효

냉면은 면을 압착, 분창크기에 따라 면의 가늘고 굵은 정도를 조절하는 구멍 난 통에 눌러 면을 뽑아내는 메밀국수에 고명과 육수를 더해 사계절 차게 먹는, 세계에서 유일무이한 음식이다. 냉면은 '무미無味의 미味'라는 역설 위에 존재한다. 육수는 맹물처럼 밍밍하다. 이게 도대체 무슨 맛이란 말인가. 맛의 구체성을 확인하기 어렵고 손수 만들어 먹기도 어렵다.

제분과 반죽 후 즉시 면을 뽑아야만 메밀의 곡물

향, 수줍고 은은한 단맛이 겨우 코와 입에 닿는다. 소고기, 돼지고기, 닭고기, 꿩고기를 삶아서 만드는 최고의 육수라고 하지만 차가운 온도에서 육향을 맡기란 쉽지 않다. 무엇인가 계속 첨가해서 오감을 만족시키는 음식과는 정반대다. 백석이 정의한 슴슴한 맛이랄까. 그런데 자꾸 먹다 보면 숨어 있던 민족 DNA가 깨어나면서 어느새 소울푸드로 자리 잡는다.

특히 겨울 동치미 냉면은 365일 그 맛을 일정하게 유지하기 어려웠다. 동치미와 육수의 만남, 그리고 육수의 독립이 맹맹한 냉면을 낳았다.

역대급 냉면 마니아 고종이 사랑한 '배동치미냉면'은 결이 다르다. 고종은 단 음식을 좋아해 궁궐에서 배 동치미를 큰 항아리에 담갔다. 수저를 이용해 배를 초승달 모양으로 파면 즙이 훨씬 잘 나온다. 얼음 가루를 뿌린 듯 냉면에 배꽃이 핀 것처럼 올리고 그 위에 소고기 편육을 열

십자 모양으로 얹고 황백 지단과 꿀, 잣을 넣는다. 동치미의 감칠맛, 꿀맛, 배의 시원한 단맛이 얹혀 있다. 배와 오이, 황백 지단 세 가지 고명은 냉면의 모든 역사와 함께한다. 동치미 국물이 들어간 육수에 배가 고명으로 듬뿍 오른 평양냉면은 초급 입문자에게 권할 만하다.

1964년 동두천에 정착한 실향민 부부는 동치미 평양냉면집을 열었다. 평안북도 정주군 갈산면 출신 아버지, 음식 솜씨가 뛰어났던 황해도 사리원 출신 어머니. 냉면은 평안도 온 지역에서 먹었던 음식이기에 '평안면옥'이라는 상호를 내걸었다. 실향민이 모여 살던 곳에서 문전성시를 이루었다. 2대로 내려와 박영수 대표가 '동신명가'로 명명했다. 그 후 다시 동두천, 서울 강동구를 거쳐 2021년 서초역 부근에 자리하면서 다시 아버지가 운영했던 시절의 '평안면옥'으로 이름을 되돌렸다.

맛의 대를 이은 사람은 음식엔 문외한이었던 박영수 대표의 아내이자 며느리 김문자 씨였다. 며느리가 시어머니의 요리법을 고스란히 이어받았다. 최근에는 손자인 박헌웅이 3대째 가업을 잇고 있기에 60년 역사가 넘는 백년가게다. 특히 서초역 인근 직장인들의 가슴속에 소울푸드로 각인되어 있다.

메밀 함량은 계절에 따라 달라진다. 겨울 70%, 여름 60%에 고구마 전분을 더해 면을 뽑는다. 굵기가 있는 연갈색 면은 매끄럽다. 부드럽게 끊어진다. 양지 육수 95%에 동치미 국물 5%를 더한다. 동두천에서의 동치미 비율은 30%였다. 동치미 특유의 산미를 싫어하는 현대인들의 입맛의 변화 탓에 육수의 느끼함을 잡아주는 정도로만 동치미를 넣는다. 고명으로 오른 무와 오이절임이 짠 편이어서 호불호가 있다. 채 썬 배는 동치미 국물에 담겼다가 고명으로 듬뿍 오르는데 아삭함이 살아 있다. 배 채에서 고유의 배향을 느끼는 경험은 신선하다. 9월부터 다음 해 3월까지 먹을 수 있는 보따리만두는 피란길에 이고 다니던 보따리처럼 생겨 붙여진 이름이다. 고추장아찌로 만든 양념장에 찍어 먹는다.

무형문화재 22호 김선억 선생이 제작한 놋쇠 그릇을 30년 넘게 사용하고 있다. 떡갈비와 백김치를 메밀면과 함께 먹는 것은 행복한 동행이다. 냉면에 얹은 고명에 불고기 등 다른 음식과의 조화를 생각하면 평양냉면의 맹맹함은 오히려 맛의 균

평안면옥 대표 박영수·김문자 부부와 함께

형을 맞추는 절묘한 절제의 결정체가 아닐까 한다.

생이 다하는 날까지 현역으로 현장을 지키며 평양냉면의 전통을 이어 가겠다는 박영수·김문자 부부의 다짐이 '평안'을 지속 가능하도록 이끌어 가는 힘이다.

| 주소 서울시 서초구 반포대로28길 31 석천빌딩 1층
| 전화 02-583-8892
| 주요 메뉴 평안냉면(물, 비빔), 보따리만두, 돼지갈비, 항정살수육

| 동해시 |

냉면권가

실향민 2세가 만든 흰 빛깔의 메밀면,
그리고 통닭과 평양냉면의 조화

롤Roll기의 메밀 제분 과정은 섬세하다. 내분층인 배아, 배유 가루는 하얀 색으로 첫 번째로 나온다. 희고 고운 전분 가루다. 첫 번째 가루를 취한 나머지를 갈아 체로 선별하면 배유를 중심으로 한 담황색의 두 번째 가루중층분가 나온다. 향과 풍미가 좋고 제일 맛있다는 평가다. 남은 가루가 세 번째 가루표층분인데 선도 좋은 녹황색을 띤다. 향이 강하고 영양가도 높고 섬유질이 많다. 반면에 식감이 떨어진다.

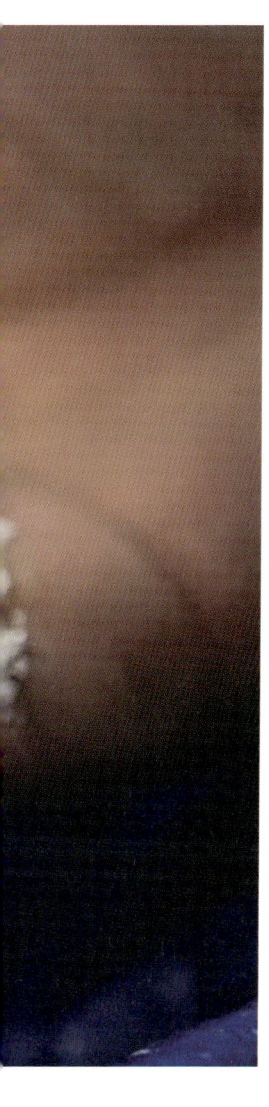

세 가루의 배합 비율에 따라 메밀면의 풍미와 점성이 다양하게 나타난다. 자가제분 메밀음식점에서는 맷돌 제분기로 겉껍질을 벗긴 녹쌀을 통째로 간 전층분으로 면을 만들고 있다. 최초의 한글 음식 조리서인 《음식디미방》장계향, 1672년에는 다음과 같은 기록이 있다.

> "메밀의 껍질을 벗기고 속가루를 낸 다음 고운 체로 곱게 쳐낸다. 밀가루나 녹말가루를 섞어 반죽해 면을 가늘게 썬다. 오미자국에 잣을 고명으로 하면 여름 음식으로 가장 좋다."

고운 체로 곱게 쳐서 뽑는 속가루는 눈처럼 흰 가루다. 글루텐이 없는 메밀에 밀가루와 녹말가루를 섞어 반죽한 뒤 면을 가늘게 썬다. 칼국수처럼 절삭 메밀면을 만든다. 분틀국수틀을 이용한 압축면보다 손쉬운 방법이다. 무더운 여름, 가늘게 썰어 만든 흰 빛깔 메밀면에 오미자

빨간 냉국을 붓고 잣을 곁들여 먹는다.

1789년 일본에서도 메밀의 내분층을 곱게 빻아 흰 메밀국수를 만들었다. 사라시나更科 소바가 탄생한 것이다. 소바를 만들 때 덧가루빵이나 국수 반죽이 달라붙거나 엉키지 않도록 뿌리는 가루로 사라시나 가루를 사용해야 소바의 풍미를 최상으로 끌어낼 수 있다고 한다.

평양냉면 1세대 노포가 그러하듯 동해시 냉면권가도 실향민의 이주사를 간직하고 있다. 1930년대 평양 제일면옥의 할머니, 1950년대 아버지 권봉국의 서울·영월과 상동·태백 황지 제일면옥, 그리고 삼척 도계 뚱보냉면을 거쳐 권영한 주인장으로 70년이 넘는 세월이 훌쩍 흘렀다.

메밀 함량 70% 면과 100% 순면은 유백색을 띤다. 주문 즉시 30초 정도 익반죽해 면을 뽑는다. 미리 대량 반죽을 해서 냉장 보관 후 면을 뽑는 집과는 비교할 수 없다.

"반죽 후 3분만 지나도 메밀면의 특성이 사라진다."

동해시 냉면권가 권영한 대표

흰 빛깔의 메밀면은 탄력이 살아 있고 목 넘김도 부드럽다. 구수한 곡물 향이 은은하게 남는다. 육수는 맑다. 기름기 적은 사태로 우려낸 육수에 동치미를 섞는다. 동치미의 배합은 20% 정도다. 동치미가 희미한 감칠맛을 담당한다. 겨울 제철 무를 일 년 내내 저장해 사용한다.

220도 오븐에서 구운 통닭에는 강원도 탄광노동자의 애환이 서려 있다.

"탄광 지역에서 오랜 세월 냉면집을 했는데, 광부들이 가장 쉽게 접할 수 있는 육류가 닭고기였다. 광부들이 좋아했던 통닭을 냉면과 함께 내놓았다."

통닭 껍질 한 점을 올려 면과 함께 먹는다. 곁들여 나오는 무김치는 단맛이 없고 담백하다. 백김치는 자박하다.

이제는 우리 곁을 떠나 천문성天文星이 된 박완서의 문장이 떠오른다.

> "울고 싶도록 청승 떨고 싶은 비 오는 날이면 핑계를 대서라도 메밀이 먹고 싶다. 이 소박한 맛에는 외로움 타는 식구들을 하나로 아우르고 위로하는 신기한 힘이 있다."

장마철, 그 시절 탄광 노동자들이 박완서의 손을 잡고 왁자지껄 냉면권가에 들어서고 있다.

주소 강원특별자치도 동해시 중앙로 236-1
전화 033-533-9911
주요 메뉴 평양냉면, 함흥냉면, 순면, 온면, 통닭, 수육

| 서소문 |
강서면옥

북한 사절단을 대접했던
서울의 평양냉면,
변하지 않는 것으로 변화에 응한다

1972년 9월, 남북적십자회담을 위해 북한의 공식 사절이 분단 27년 만에 서울에 왔다. 타워호텔에 있는 북한 대표단에게 서울의 평양냉면을 대접한 곳은 다름 아닌 강서면옥이다.

2018년 4월, 판문점에서 열린 남북 정상회담의 저녁 만찬에는 옥류관 평양냉면이 올랐다. 이처럼 남과 북이 공식으로 만나는 자리엔 늘 평양냉면이 함께했다.

13남매 가운데 맏딸인 김진형 씨(93세)는 16살의 나이인 1948년 평안남도 강서 지역의 국수집에서 이북 음식인 평양냉면과 인연을 맺었다. 전쟁이 발발했고 평택으로 내려온 가족들은 소쿠리에 면을 담고 육수는 주전자에 담아 노상에서 호구지책으로 평양냉면을 팔았다. 평택에 정착한 평안도·황해도 출신 실향민들이 몰려들었다.

1953년 아버지와 함께 강서면옥 간판을 내건 냉면 가게를 창업했고 문을 열자마자 유명세를 치렀다. 그리고 15년 뒤인 1968년에 서울 서소문으로 이전했다. 한때 삼성본사와 중앙일보가 가까이에 있던 지금의 자리에 문을 연 것은 1984년이다. 평남 강서 출신 도산 안창호의 냉면 사랑은 각별했다. 강서면옥이 강남 도산공원 부근에 분점을 낸 이유가 아닐까 한다.

"한우의 부위마다 기름기의 양에 따른 특징적인 맛이 있습니다만, 삶아 낸 국물만 가지고 부위 여부의 맛을 구분하는 것은 거의 불가능하고 무의미합니다."

3대를 이어 주방을 책임지고 있는 선우성 대표62세의 말이다.

> 강서면옥 육수는 쇠뼈를 일절 사용하지 않는다. 한우 살코기만 삶아 기름을 말끔히 걷어낸다. 1930년대 말 한반도에는 소 사육 규모가 180만 마리에 이르렀다. 특히 진주와 평양의 소가 풍미가 뛰어났고 거대한 우시장도 두 곳에 있었다.
> _《수다쟁이 미식가를 위한 한국음식 안내서》, 황교익

동치미 국물에 한우 육수가 더해진 과정을 설명하는 근거이기도 하다.

한우 육수에 기울이는 시간만큼 일 년 내내 동치미 맛을 유지하기 위해 들이는 수고로움도 크다. 70년 동안 동치미를 항아리에 담아 왔다. 주방에서 가장 힘든 일 가운데 하나가 항아리를 다루는 것.

"노포 평양냉면집에서 꾸준히 개선해야 할 부분은 위생뿐이에요. 재료와 방법을 바꾸는 것은 잘못된 겁니다."

3대를 이어 강서면옥 주방을 책임지고 있는 선우성 대표

육수와 동치미의 배합 비율은 어머니와 아들만의 비밀이다. 냉면 육수와 감칠맛의 MSG.

"MSG는 조미료잖아요. 주재료로 쓰면 안 됩니다. 조미료는 조미료답게 주재료는 주재료답게 쓰면 됩니다. MSG는 저의 통제 아래 사용합니다. 개운하고 깔끔한 육수의 맛을 해쳐서는 안 됩니다."

2005년부터 2016년 초까지 열린 개성공단 시절, 강서면옥은 북한산 메밀을 최초로 공식 수입해서 평양냉면을 잠깐 선보인 적이 있다. 북한산 메밀은 찰기가 강해서 전분이나 밀가루를 넣지 않고도 탄력이 있는 면이 가능했다. 그때를 제외하고는 현재까지 한 곳의 제분소에서 메밀을 받아 면의 식감과 품질의 일관성을 유지하고 있다.

동치미 국물이 가미된 육수는 감칠맛이 가득하다. 연갈색 면은 가는 편인데 탄력이 있고 매끄럽다. 육수와 면, 놋그릇의 조화도 정갈하다. 고명으로 올린 생오이는 육수의 단맛과 함께 호불호가 있다. 주인장은 겨자나 식초를 첨가하지 말고 드시길 권한다.

"제게 평양냉면이란 어머니 그 자체입니다. 어머니께서 일구신 그 냉면의 맛을 이어 가는 것이 평생의 목표입니다."

70년 세월 동안 변함없이, 강서면옥의 주방에서는 새벽 4시면 어김없이 육수가 끓기 시작한다.

주소 서울 중구 세종대로11길 35
전화 02-752-1945
주요 메뉴 평양냉면, 함흥냉면, 회냉면, 한우석쇠불고기, 어복쟁반

3부

오래된 미래,
평양냉면

메밀을 주재료로 만든 차가운 국수인 평양냉면은 북한에서 오랫동안 계승돼 온 음식이다. 조선 후기에 이미 동치미와 함께 민족의 세시풍습으로 자리 잡은 겨울철 별미였다. 특히 평양 사람들의 삶에 깊이 뿌리내린 전통 민속 요리였다. 남과 북이 만나는 자리에 늘 함께한 평양냉면은 실향민에게는 어머니 그 자체다.

| 홍대 입구 |
평안도상원냉면

아는 사람만 찾아가는
고집불통 평양냉면

"대륙의 영향으로 여름날 열기가 상당히 높은 평양에서 더위가 몹시 다툴 때 흰 벌덕 대접에 주먹 같은 얼음 덩어리를 숨겨 감추고 서리서리 얽힌 냉면! 얼음에 더위를 물리치고 겨자와 산미에 권태를 떨쳐 버리네."

1929년 잡지 〈별건곤〉 제24호에 실린 김소저의 '사철 명물 평양냉면' 여름 대목이다. 겨울을 대표하는 냉면이 여름 음식으로 변모한 것을 알 수 있다. 한겨울 강에서 얼음을 켜서 사계절 보관할 수 있는 냉동 공장은 1910년대 서울과 평양에서 동시에 등장했다.

전분은 감자나 고구마를 갈아서 가라앉힌 앙금을 말린 가루다. 19세기 감자나 고구마가 재배되기 전까지는 녹두 가루가 그 역할을 했다. 녹말이 곧 전분이 된 것. 한여름에 메밀은 귀한 재료였다. 전분을 섞은 메밀국수가 여름철 냉면의 주류가 된다.

1955년 미국의 무상 원조로 들어온 밀가루는 냉면에도 큰 영향을 미쳤다. 글루텐이 없는 메밀에 점성과 매끈한 탄력감을 더해주었다. 전분과 밀가루로 질겨진 면발은 식탁 위에 가위를 초대했다.

가을 햇메밀을 맷돌에 갈아 만든 메밀면을 동치미와 김장김치 국물에 말아 먹은 겨울철 음식 냉면. 1908년 일본 화학자 이케다 기쿠나에가 개발한 아지노모토MSG는 겨울 동치미를 대신하며 여름철 냉면 육수가 가능한 시대를 열었다. 얼음의 보급, 면의 변화, 아지노모토의 등장으로 여름철 냉면이 뿌리를 내렸다.

100% 메밀면이 각광 받는 시대다. 그러나 조선 후기까지 선조들이 먹어 온 국수는 맷돌에 갈거나 절구에 빻아 만든 메밀 순면이 주를 이뤘다. 평양냉면의 원형 논쟁, 겨자·식초·가위 논쟁이 허망한 이유다. 개인이 소위 전문가의 비밀상업주의를 허물고 있는 SNS 시대다. 미슐랭 가이드 별점과 빕 구르망이 수천 년 내려온 메밀 음식을 일렬로 줄 세우는 것 또한 개탄할 노릇이다. '문화 제국주의요 상업주의의 패권적 도구'라는 영국 가디언의 비판은 날카롭다.

홍대 앞 평안도상원냉면은 LG팰리스빌딩 지하 1층 음식백화점 귀퉁이에 있다. 오전 11시부터 오후 3시까지 영업하고 일요일엔 쉰다.

시작은 평안도 상원군현재는 평양시에 편입에서 개업한 1대 김영남외할아버지부터다. 이어 1953년부터 2000년 초반까지 파주에서 2대 김임분어머니이 맥을 이었다. 지금의 상원냉면은 어머니 레시피를 이어 받은 주인장이 2018년 개업한 곳으로, 〈최자로드〉, 〈생활의 달인〉을 통해 유명세를 탔다. 그에 힘입어 현재 딸까지 4대에 걸쳐 이어지고 있다.

국내산 메밀 100%와 70% 두 가지 면을 사용한다. 메밀의 풍미를 맛보도록 사리를 별도로 내놓는다. 찰기는 떨어지지만 투박하고 목 넘김이 부드럽다. 메밀의 곡물 향은 얇게 퍼진다. 동치미의 산미가 있는 탁한 사골 육수에서 동치미 맛이 미미한 맑은 육수로 변화했다. 고난도 과정을 거친 묵직함에서 군더더기 없는 간결함으로 전환했다. 육수와 동치미 국물을 자신만의 비율로 섞어 '평양냉면 육수'를 완성했다.

고명은 배와 오이, 양지 편육 세 점이 전부다. 담백한 백김치는 더 이상 맛볼 수 없어 아쉽다. 사태 수육은 미지근한 육수에 자박하게 담겨 나온다. 하루 4시간 영업 룰은 대를 이은 평양냉면의 맛을 전하기 위한 고군분투가 아닐까. 주인장의 고집불통은 상업주의를 넘어선다.

냉면을 지독히도 사랑한 소설가 김남천의 찬탄이다.

> "모든 자유를 잃고, 음식 선택의 자유까지 잃었을 경우, 항상 애끊는 향수같이 엄습하여 마음을 괴롭히는 식욕의 대상은 우선 냉면이다."

폭염의 계절, 바로 그 냉면을 홍대 앞 평안도상원냉면에서 마주한다.

주소 서울시 마포구 양화로 156 LG팰리스빌딩 지하1층 푸드코트 134호
전화 02-332-8935
주요 메뉴 물냉면, 비빔냉면, 편육, 만두

장충동 평양면옥 김대성 대표

| 장충동 |
평양면옥

3대째 이어오는 맑고 담백한 육수,
무미無味의 미味,
바로 그 평양냉면

 실향민 2세대에게 겨울철 음식은 DNA에 각인된 채 이어져 왔다. 김장김치 국물에 동치미 국물을 섞고 김치와 무를 썰어 넣고 찬밥을 말아 참기름을 뿌려 한겨울에 밤참으로 먹은 김치말이. 평안북도 위원군을 고향으로 둔 선친과 온 식구가 먹은 음식이다. 이냉치냉以冷治冷으로 겨울에 먹는 평양냉면은 놀라운 역설의 세계였다.

부모님 고향이 함경남도였던 고 노회찬 의원은 소박한 맛집을 찾아가는 미식가였고, 그중에서도 평양냉면 마니아였다. 나는 2009년 10월에 방북단의 일원으로 옥류관의 평양냉면을 접했는데, 2005년 10월에 방북한 노회찬은 옥류관에서 사리 5개를 추가해 먹었을 정도였다.

노회찬으로부터 매일노동뉴스의 바통을 이어받은 2003년 11월 하순, 그와 함께한 장충동 평양면옥은 우래옥, 을지면옥, 필동면옥을 거쳐 유진식당, 부원면옥, 을밀대를 순례하듯 다닌 대장정의 끝이었다. 무미無味의 미味는 미식의 세계로 나아가는 통과의례임을 일깨워 준 곳이다.

1985년 실향민 평양냉면집으로는 뒤늦게 출발한 곳. 4대를 이어온 '장충동 평양면옥'의 본점과 분점 4곳엔 기본에 충실한 초지일관의 '이것도 저것도 아닌 맛'이 있다. 자체 제분소를

3부 | 오래된 미래, 평양냉면

갖추고 메밀가루를 직접 빻아서 사용한다. 하루에 두 번, 두 시간 이내에 가루를 낸다.

"메밀은 열에 예민합니다. 메밀가루는 곧 색깔이 달라지고 끈기도 달라져요. 메밀의 독특한 풍미를 신선하게 살리는 일이 관건입니다."

현재 본점을 이끄는 김대성(80세) 대표가 강조하는 대목이다. 금방 갈아낸 메밀가루는 찰기가 있어서 전분을 적게 넣고도 탄력이 있는 면이 가능하다. 주문 즉시 면을 내린다. 한 번에 여덟 그릇 정도를 뽑는다.

육수는 청아하다. 국내산 육우의 사태, 양지, 설깃 부분을 25킬로그램 사용해 하루 분량의 육수를 만든다. 기름기는 보자기로 걸러낸다. 다섯 시간 동안 고기를 푹 삶고 육수를 냉각통에 넣어서 얼리는 데까지는 다시 15시간이 걸린다. 살코기로만 뭉근하게 고아 내 소금으로 간을 한 육수는 깔끔하고 담백하다.

진미평양냉면 임세권 | 경평면옥 김태권(논현동 평양면옥 전 주방장)

고명으로 삶은 달걀 반쪽과 파 조금, 동치미 무, 절인 오이, 소고기와 돼지고기 편육이 오른다. 평양 사람들은 돼지고기 편육을 메밀면으로 돌돌 감아 먹는 것을 즐겼다고 한다.

수육은 숙육熟肉, 물에 삶은 고기다. 편육片肉은 고기를 삶은 후 물기를 빼고 얇게 썬 고기다. 제육은 저육豬肉, 즉 돼지고기

다. 수육/편육은 조리 방법이고, 제육은 돼지고기를 뜻하는데도 메뉴판에는 수육/제육, 또는 편육/제육으로 표기한 냉면집이 많다. 수육과 편육은 소고기 삶은 것이고, 제육은 돼지고기 삶은 것으로 이해하면 된다.

물처럼 투명한 소고기 육수의 슴슴함은 맛의 기본을 이룬다. 오랜 세월 우직하게 '버텨온 힘'이다. 메밀의 풍미를 담아내는 가루내기는 탄력 있는 면발과 얇게 퍼지는 곡물 향을 가능케 한다. 기술 변화를 수용한 '나아가는 힘'이다. 40년 세월을 지탱한 그 힘으로 가업을 일궈냈다.

> 모밀묵이 먹고 싶다
> 그 싱겁고 구수하고
> 못나고도 소박하게 점잖은
> 촌 잔칫날 팔모상에 올라
> 새사돈을 대접하는 것,
> 그것은 저문 봄날 해질 무렵에
> 허전한 마음이
> 마음을 달래는

> 쓸쓸한 식욕이 꿈꾸는 음식.
> 또한 인생의 참뜻을 짐작한 자의
> 너그럽고 넉넉한
> 눈물이 갈구하는 쓸쓸한 식성.

박목월이 〈적막한 식욕〉에서 노래한 메밀 음식이 그리워지는 겨울. 장충동 평양면옥에 가면 쓸쓸한 식욕이 꿈꾸는 냉면 한 그릇이 삶의 허전함을 달래줄 것이다.

주소 서울시 중구 장충단로 207 1층
전화 02-2267-7784
주요 메뉴 냉면, 비빔냉면, 온면, 편육, 제육

겨울밤에 먹는 메밀배추전과 동치미 냉면

겨울비가 봄비처럼 내리는 겨울밤. 메밀이 더욱 생각나는 시간입니다. 집에서 메밀배추전과 동치미 메밀국수로 저녁 끼니를 해결합니다. 동치미에 넣은 백김치에 봉평산 100% 메밀가루로 만든 메밀배추전은 언제나 입맛을 돋게 합니다. 아이쿱 생협에서 산 들기름, 아주 조금만 있으면 충분합니다. 국물이 맑은 동치미를 곁들입니다.

김장을 하면서 동치미를 넉넉하게 마련했는데, 숙성이 잘 되어 100% 메밀면을 삶아 크리스마스 저녁에 집에서 만들어 먹은 평양냉면. 동치미는 해남산 무와 배추를 재료로, 태평염전 토판 천일염과 강원 고성 오호 심층수를 사용해 담근 것입니다.

메밀면은 청수식품 '메밀이 좋아'. 참고로 청수식품은 업력이 긴 메밀면 전문업체입니다.

| 낙원동 |
을지면옥

편육에 소주를 곁들이고 냉면으로 마무리하는
선주후면, 불변의 절대 공식

"청신한 나박김치나 좋은 동치미 국물에 말아
화청하고(꿀을 타고) 양지머리, 배와 배추통김치
를 다져서 얹고 고춧가루와 잣을 얹어 먹는다."

1800년대 말 우리 음식을 정리한 《시의전서》에 담
긴 냉면에 관한 설명이다.

국수를 대접에 담고, 맛있는 김칫국을 붓고 제
육을 얇게 저며서 썰어 넣고, 김치는 채 쳐서

위에 얹고 고춧가루 뿌리고 계란 부쳐 채 친 것, 색스럽게 실백을 넣어 얹어 놓느니라.
_《식탁 위의 문학기행 2 평양냉면》, 방신영, 조선요리제법, 1934

20세기 초 우리 요리를 집대성한 방신영은 냉면을 기름기 없는 맑은 장국의 여름냉면과 김칫국물에 고춧가루를 뿌린 겨울냉면으로 구분하고 있다.

아, 이 반가운 것은 무엇인가
이 히수무레하고 부드럽고 수수하고 슴슴한 것은 무엇인가
겨울밤 쩡하니 닉은 동티미국을 좋아하고 얼얼한 댕추가루를 좋아하고…….

백석이 노래한 〈국수〉평양냉면에서 댕추가루는 고춧가루를 뜻한다.

2018년 4월에 문재인 대통령과 김정은 국무위원장이 판문점에서 만나 함께한 옥류관 냉면은 문화 충격이었다. 면은 시꺼멓

을지면옥 홍정숙 대표

고 겨자, 식초, 고춧가루 양념다대기을 모두 넣어 먹은 것이다.

평안도 대동군 출신 홍영남·김경필 부부가 1969년 경기도 전곡에서 개업해, 1987년 이래 의정부에 터를 잡고 '냉면계'의 큰 산을 이룬 '의정부 계열 평양면옥'을 열었다. 1985년 문을 연 서울 을지면옥은 세운지구 재개발로 잠시 문을 닫았다가 2024년 4월 종로 낙원동에서 영업을 재개했다.

을지면옥은 돼지고기 삼겹살과 소고기 사태를 같이 넣고 삶아 육수를 완성한다. 돼지고기를 육수에 쓰면 육수가 조금 더 진해지고 들큼한 맛이 더해진다. 연갈색 면은 가늘고 쫄깃하다.

면은 주문 즉시 반죽을 한다. 한눈에 전분 함유량이 많아 보인다. 메밀 향은 미미하다. 이북식 차가운 돼지고기 편육에 소주를 곁들이고 냉면으로 마무리하는 선주후면先酒後麵이 절대 공식이다. 선주후면의 세계에서 돼지고기 편육은 술안주이면서 동시에 면과 운명공동체일 만큼 소중하다.

을지면옥 냉면의 특징은 냉면 위에 뿌려진 고춧가루와 무김

치다. 맑고 투명한 국물에 고춧가루, 잘게 썬 파와 청양고추가 흩뿌려져 있다. 심심한 듯 무심하게 담근 무김치는 약한 단맛을 품고 아삭한 감촉으로 쫄깃한 면과 잘 어울린다.

"자기 입맛에 따라서 먹는 거지요. 메밀면에 고춧가루를 많이 뿌려 먹는 건 똑같아요. 이북에서도 고춧가루를 크게 한 숟가락 넣어 먹거든. 무가 메밀의 거친 성분을 중화시켜 주니 메밀 냉면을 먹을 때는 무를 같이 먹어야 해요. 냉면

제조 노하우를 기록으로 남기지를 못 했어요. 자식들 머릿속에 다 있으니 그걸로 됐지요."
_김경필 인터뷰, 매일경제, 2017년 6월 2일

평양냉면은 면의 메밀 함량이나 국물의 고기 배합이 모두 다르게 존재한다. '메밀면을 차가운 국물에 말아 먹는다'는 기본 위에서 사람마다 천양지차 다양한 맛으로 존재한다.

그러나 평양냉면의 역사가 된다는 것은 진심과 정성을 다해 만들어 낸 자존의 맛을 누구에게나 인정받은 것이리라. 어머니로부터 전수한 홍정숙70세 주인장의 머릿속 레시피는 불안한 비결이 아닐까.
"젊은 분들은 양념이 진한 음식에 길들여 있다 보니 이 심심한 맛이 뭔지 모를 텐데도 찾아오신다. 조리법은 40년 전이나 지금이나 똑같다."

주소 서울시 종로구 삼일대로30길 12(낙원동 55-1) 1층
전화 02-2266-7052
주요 메뉴 냉면, 비빔냉면, 소고기국밥, 수육, 편육

| 역삼동 |

류경회관

메밀의 담백함을 누리는
단출한 면식수행麵食修行을 하기에 좋은 곳

 평양냉면 '계'에서는 면장麵匠, 면의 장인이란 말을 쓴다. 서울식 평양냉면의 기틀을 확립한 전설의 면장 김태원. 2019년 82세로 우리 곁을 떠난 그는 우래옥에서 60년 넘는 세월을, 생의 마지막은 봉피양의 순메밀평양냉면에 바쳤다.

메밀과 전분, 메밀과 밀가루, 메밀과 밀가루와 전분의 배합비에 따라 면의 개성은 다양하게 나타난다. 평양냉면 메밀 함량은 여름철에는 60%, 겨울철에는 70%가 표준이었다. 전분은 감자, 고구마, 옥수수, 타피오카 종류가 있다. 면의 식감에 영향을 미치는 정도는 밀가루가 가장 강하다는 게 보편적 평가다. 전분은 면을 매끄럽게 해 준다.

서울시 강남구 역삼동 류경회관구 평양옥, 광화문에 분점이 있다은 2018년 봄에 문을 열었다. '류경'柳京은 버드나무가 장관을 이루는 평양의 또 다른 이름이다. 김영규 주인장은 우래옥에서 최절정 전성기를 보내던 김태원 면장에게 1983년부터 1986년까지 냉면의 기초를 배웠다. 두 사람은 같은 충청도 출신이다. 메밀에 바친 세월이 40년을 넘는다.

주인장은 대형 현무암 맷돌을 자체 제작해 메밀 녹쌀을 아주 곱게 가는 방식을 선택했다. 그 결과 면장들조차 어림없고 의미 없는 시도라고 이야기한 100% 메밀 순면의 탄력성을 확보했다.

메밀가루는 열을 적게 받을수록 쫄깃한 면을 낳는다. 열을 많이 받으면 면이 쉽게 툭툭 끊어진다. 통풍장치와 큰 맷돌을 사용하여 저속제분으로 최상의 메밀가루를 확보한다. 기계 반죽기의 최소 투입 메밀가루는 2킬로그램 15인분이다.

업계의 대체적인 현실은 기계 반죽기로 대량 생산한 반죽을 냉장 보관하다가 필요한 만큼 떼어 쓴다. 그렇기에 평양냉면 애호자 입장에서 주문 즉시 반죽해 면을 뽑는 류경회관 주인장의 고집은 고맙기 그지없는 수고로움이다.

간수를 뺀 지 3년 된 소금과 한우, 다시마, 표고버섯으로 육수를 낸다. 육수 맛을 결정하는 데 가장 중요한 것은 소금이다. 육수의 기본과 중심을 잡아 주는 것이 짠맛이다. 소금을 잘 써야 하는 이유다. 인체가 혈액과 양수의 염도를 0.9%로 유지하는데 냉면 육수의 간을 염도 1.0% 전후로 맞추는 것은 신비로운 사실이다.

'육향'을 머금고 있는 한우 육수. 메밀의 구수한 '곡향'이 살아 있는 순면. 거기에 오로지 소금만으로 맛의 균형을 잡은 '짠맛'의 조화가 훌륭하다. 조미료는 사용하지 않는다. 입맛을 단번에 휘감는 감칠맛의 세계와는 거리가 멀다.

고명은 배, 소고기 편육, 삶은 달걀이 올라간다. 밑반찬으로 나오는 개운한 열무김치를 순면에 얹어 함께 먹는 맛은 일품이다. 메밀 70% 평양냉면과 100% 평양순냉면을 비교하며 먹는 재미도 있다.

시집《둥근 세모꼴》의 작가 유안진은 메밀을 이렇게 말한다.

"메밀은 겉은 세모꼴이지만 속에 든 알갱이는 둥글다. 메밀은 춘궁기에 생명을 구한 구황작물이었다. 시인과 이 세상 사람 모두 메밀 같은 존재다. 기름지지 않은 메마른 땅 아무 곳에서나 잡초들과 어울려 잘 자라는 메밀처럼 시인은 모순과 충돌 사이에서 시대정신을 읽어 내야 한다."

어떤 마음가짐을 갖고 누구와 무엇을 하고 있는지를 살펴보면 행복의 실체에 한 발 다가설 수 있다. 시인이 말하는 시대정신은 아닐지라도 사랑하는 이와 함께 메밀의 담백함을 누리는 단출한 면식수행麵食修行을 하기에 좋은 곳, 류경회관이다.

주소 서울시 강남구 논현로71길 18 1층
전화 02-568-5114
주요 메뉴 평양순냉면, 평양비빔순냉면, 들기름순냉면, 메밀회순냉면, 평양냉면, 명태회냉면, 사태·양지수육

평범한 봄날에 먹는
열무메밀국수

거의 매일 저녁 약속이 있지만 간혹 한가하거나 혼자서 저녁 식사를 해결해야 하는 날에는 메밀 음식으로 때우곤 합니다. 누구는 질리지도 않냐고 하지만 저는 먹어도 먹어도 질리지가 않습니다. 어느 평범한 봄날, 저의 저녁 식사를 소개합니다. 국물이 자작한 열무메밀국수, 그리고 루틴의 보물창고로 연녹색을 띄는 들기름메밀국수, 거기에 100% 메밀국수를 삶은 면수 한 그릇이면 세상에 부러울 것이 없습니다, 어떻습니까? 군침이 도시나요?

| 용인시 |
기성면옥

백범이 즐겼던 평양냉면,
그리고 나만 알고 싶은 '피양랭면'

〈기성전도〉箕城全圖는 조선 후기로 추정되는 작자 미상의 지도다. 조선 사대부들은 평양을 기자箕子의 도읍지란 뜻에서 기성箕城이라 불렀다. 기성전도에 그려져 있는 '향동香洞 냉면가冷麵家'는 평양의 대동강을 따라 늘어선 냉면집을 표현했다. 평양냉면이 조선 후기에 이미 광범위한 대중 음식으로 자리 잡았음을 말해 준다.

역사학자 이덕일은 중국 동북공정에 따른 역사 왜

3부 | 오래된 미래, 평양냉면 137

곡을 우려했다.

"기자가 평양으로 와서 기자조선의 왕이 됐다는 이른바 '기자동래설'箕子東來說. 고려, 조선의 유학자에게 기자는 국조 단군에 버금가는 숭배의 대상이었다. 중국에서 온 기자를 우리 선조로 삼으면 우리 민족이 이夷가 아니라 화華가 된다고 생각했다. 기자 존숭 사상이 사대주의의 뿌리라는 점에서 '기자동래설'은 범상히 넘겨서는 안 된다."

1948년 4월 19일. 평양에서 남북 16개 정당, 40개 사회단체 695명의 대표자가 참석한 남북연석회의가 열렸다. 연평도 굴비를 좋아하고 명동 고려정 냉면과 채식을 즐겼던 백범 김구 선생은 평양에 머물면서 한차례 냉면집을 찾았다.

"화신백화점 평양 분점이 있는 서문통西門通의 기성면옥箕城麵屋으로 갔다. 흙 온돌 위에

갈대를 쪼개 열 십자로 짠 삿자리 방을 차지하고 우리는 쟁반 두 상을 시켰다. 놋쇠쟁반 그득히 닭고기, 고기류, 표고버섯 등 갖가지 재료를 넣은 냉면이었다. 뜨끈한 방바닥에 앉아 들이켜는 서늘한 동치미 맛은 일품이었다. 백범은 '50년 만에 평양냉면을 먹어 보니 예전 맛이 난다'며 쟁반 한 그릇을 뚝딱 드시고 한 그릇을 또 시키셨다. 내내 경계심을 늦추지 않았던 선생도 평양냉면 앞에서는 마음이 절로 풀어지는 듯했다."

_《백범 선생과 함께한 나날들》, 푸른역사, 선우진

2016년 7월, 외식업 전문가와 협업해 문을 연 용인 성복동의 기성면옥은 개업 후 〈생활의 달인〉에 소개되면서 유명세를 치렀다. 평안도 실향민 출신 김인일 77세 주인장은 '피양랭면' 육수 한우, 육우 레시피를 과감하게 공개했다.

1. 배의 심을 파내고 대추를 채워 찐다.
2. 찐 배를 면포에 담아 짠다.
3. 그 즙에 양짓살을 재운다.
4. 숯불에 마른 뽕잎을 올리고 뽕잎 연기로 재운 양짓살을

훈연한다.

5 소고기 사태 살 가운데를 칼질한다.

6 간 무와 양파를 사태 살 속에 넣고 바느질로 마무리 후 반나절 숙성시킨다.

7 숙성한 사태 살의 속을 비우고 사골 육수에 넣는다.

8 배즙으로 숙성시킨 양짓살을 사골 육수에 넣는다.

9 우둔살과 몇 가지 재료를 더해 약한 불에서 10시간 정도 우려낸다.

당시 소개된 바에 따르면, 기성면옥의 소고기 육수는 소고기의 특징을 최상급으로 끌어 올리는 것에 있다. 첫 번째는 양지살을 재료로 쓰는 것이다. 지방이 많은 양지살은 고소한 육수 맛을 내는 데 제격이다. 배의 심을 파내고 대추로 채운 뒤 찜통에 푹 쪄낸 다음 내용물은 버리고 배숙즙에 양지살을 재워준다.

일정 시간 숙성된 양지살은 환상의 궁합을 자랑하는 마른 뽕잎 연기로 훈연 작업을 거친다. "뽕잎은 고기의 잡냄새를 제거하는 데 탁월하다."는 아들 김광호43세 씨가 현재 대를 이어

가고 있다.

육수에 진한 육향이 배어 있는 게 특징이다. 몽골산 메밀 70%, 밀가루 30%의 면은 매끈하고 탄력감이 좋다. 고명은 삶은 달걀 반쪽, 배, 양지 편육, 무채가 올라간다. 주인장은 식초, 겨자를 넣지 말고 메밀면에 무를 곁들여 육수와 먹을 것을 권한다. '보리 한돈' 앞다리 수육을 면에 올려 먹으면 더욱더 고소함과 구수함을 즐길 수 있다.

주인장이 선택한 냉면집 이름, 기성면옥. 그곳에 가면 정성을 다해 준비한 '피양랭면'이 정겹게 우리를 맞이한다. 굳이 통일을 말하지 않아도 평양냉면은 겨레의 음식으로 남과 북에서 함께 숨 쉬고 있다.

주소 경기도 용인시 수지구 심곡로 87 수지제일아이조움 1층 B201호
전화 031-265-8569
주요 메뉴 피양랭면, 비빔랭면, 한우사골설렁탕, 만두, 수육

용인시 교동면옥의 맛과 품격

용인시 마북동에 있는 교동면옥은 조리 경력 30년의, 특급호텔 출신 이종근 오너셰프 1인이 운영하는 평양냉면집이다. 한 그릇 한 그릇 정성을 다해 내놓는 주인장의 손맛이 그대로 느껴진다. 우선 주문 즉시 반죽해서 면을 뽑는다. 주문하자마자 소량으로 손 반죽을 해야 메밀면의 탄력과 향을 제대로 유지할 수 있다고 하지만, 주인장으로서는 무척 고되고 힘든 과정이다.

한우 사태와 채소로 빚어낸 육수는 하루 숙성해서 내놓는다. 짭짤하고 육향이 강하며, 맑은 게 특징이다. 평양냉면 육수는 모든 육수의 정점에 있다고 한다. 기름기를 제거하고 맑은 육수를 만드는 과정 자체가 고행의 길이기에 그렇다. 얼갈이배추물김치와 초절임 무도 정갈하며 감칠맛을 더한다.

75% 메밀에 밀가루와 옥수수 전분을 더해 탄생한 면은 탄력 있고 부드럽다. 매끄럽게 목으로 훌훌 넘어간다. 한우 사태 고명은 잡냄새 없

이 깔끔하다. 절인 오이와 무, 배가 메밀면과 담백하게 어울린다. 은은한 메밀향은 단아한 냉면 한 그릇의 품격을 높여준다.

그리운 사람이 보고파서 달려가듯 눈 내리고 바람까지 불어 추운 날 이 냉치냉의 정신으로 발걸음을 재촉했다. 맨 먼저 루틴이 풍부한 면수를 두 컵 마셨다. 나중에 염도계로 재어보니 서초동 '설눈'의 육수 염분 농도와 같았다.

4부

우리 곁의 소바

메밀은 중국에서 한반도, 대마도를 거쳐 8세기에 일본에 전해져 구황작물로 재배되었다. 하지만 일본이 메밀국수, 즉 소바키리를 먹기 시작한 것은 17세기부터다. 처음 관동지방에서 생겨난 소바는 일본 전역으로 퍼져 나가 에도시대 국민 음식으로 자리 잡았다. 최근에는 우리나라에도 정통 일본식 소바 전문점이 점점 늘어나고 있다.

| 서초동 |

미나미

일본식 정통 코스를 밟은 전문성,
2㎜ 메밀면의 낯설음

메밀은 마디풀과에 속하는 한해살이풀로 중국에서 한반도, 대마도를 거쳐 일본에 전해졌다는 설이 유력하다. 75일 정도의 단기간에 수확이 가능한 메밀은 일본에서도 8세기부터 구황작물로 재배됐다. 알곡째 밥을 짓거나 또는 죽을 쑤거나 쪄서 먹었다. 메밀국수소바키리를 먹기 시작한 것은 17세기. 오카다 데쓰가 지은《국수와 빵의 문화사》에 따르면 에도시대 초기에 조선 승려 원진이 메밀국수 제조기술을 전수했다고 한다.

1860년 에도의 소바가게는 무려 3,800곳에 이르렀다. 오늘날 도쿄에 소재한 소바가게는 6천 곳이 넘는다. 지방에서 몰려든 인구 밀집 도시에서 상인과 노동자 계층의 한 끼 식사를 해결해 준 것은 포장마차야타이였다. 국물에 말아 먹는 가케끼얹다소바는 붓가케소바의 약칭으로, 따뜻한 소바다. 간단하게 먹기 좋고 값도 싸서 에도시대의 패스트푸드이자 서민 음식으로 정착했다. 경제적 여유가 있는 계층의 고급 취향 소바도 이 시기에 탄생했다.

소바의 장국쓰유은 도쿄를 중심으로 하는 관동지방 맛과 교토와 오사카를 중심으로 한 관서지방의 맛으로 크게 나뉜다. 관동지방은 가다랑어포로 우려낸 육수에 긴 숙성을 거친 감칠맛 강한 진간장을 넣는다. 관서지방은 가다랑어포 육수에 다시마를 넣어 감칠맛 나는 글루탐산을 보충한다. 처음 관동지방에서 생겨난 소바는 일본 전역으로 퍼져 나가 국민 음식으로 자리를 잡았다.

도쿄에는 에도시대 이래 3대 계통사라시나, 스나바, 야부의 명물 소바집이 성업 중이다. 쓰유메밀국수용 일본 간장에 찍어 먹는 찬 소바는 자루, 세이로, 모리가 대표적이다. 소바가 담긴 그릇에 따

른 명칭이다. 자루소바는 대나무 발로 엮은 그릇에, 세이로소바는 나무 찜기에 담아낸다. 모리는 쓰유를 담는 그릇인데 모리소바는 가케소바와 구별해 쓰유에 찍어 먹는 소바를 일컫는 통칭이기도 하다.

국내 소바 음식을 이끄는 30대 젊은 장인의 노력은 정통 코스를 밟은 전문성을 바탕으로 한다. 일본의 쓰지 시즈오가 설립한 쓰지조리사학교를 졸업하고 오사카의 소바전문점 요로코비안 주인장에게 사사받아 2012년 문을 연 미나미서초점, 도산공원점의 남창수 오너 셰프40세가 그 주인공이다.

물과 봉평산 메밀로 반죽해 오전과 오후, 하루에 두 번 면을 만든다. 메밀 80%의 니하치 면과 메밀 100% 주와리 면. 면의 두께는 2밀리미터를 고수한다. 거칠고 단단한 질감으로 와 닿는데 특유의 탄력이 살아 있다. 천천히 씹어 삼키면 곡물 향과 은은한 단맛을 느낄 수 있다. 목 넘김도 부드럽다. 가다랑어포와 다시마로 만든 쓰유는 달지 않고 중간 짠맛이다. 깔끔하다. 메밀차를 마시고 단품 요리인 무즙 올린 가지튀김과 맥주 한 잔을 곁들인다.

자루소바, 세이로소바를 고추냉이와사비에 묻혀 먹어 보고 면의 2~3센티미터를 쓰유에 적셔 먹는다. 면과 쓰유의 맛을 각각 느낄 수 있다. 성게알우니소바, 간 참마토로로소바는 면을 한층 부드럽게 한다. 열여덟 가지의 냉소바, 온소바가 있다. 취향대로 택하면 된다. 특히 가케소바로 나오는 교토의 명물 청어니신소바, 장어아나고소바와 소바마키메밀면 김말이는 별미다. 마지막으로 소바유메밀면을 삶은 물를 마신다.

일본 최대의 요리사 학교를 키워낸 쓰지 시즈오. 그가 존경한 브리야 샤바랭의 글처럼, "누군가를 식사에 초대한다는 것은 그의 행복을 떠맡는 것이다." 미나미에서 그리운 사람과 마주하는 메밀의 향연은 즐거움을 넘어선 아름다운 행복이다.

주소 서울시 서초구 서초대로58길 31-2, 1층
전화 02-522-0373
주요 메뉴 니신소바, 텐세이로소바, 네키토로소바마키, 소바정식, 모둠사시미

| 성수동 |

소바마에

성수동에 가면
'소바 장인' 김철주가 있다

'소바'는 메밀이다. 그런데 국수를 통칭하는 말로 쓰인다. 3,500년 전 '한반도 → 대마도 → 규슈 → 일본 전체'로 전파되었다는 유력설과 '중국 북부 → 시베리아 → 연해주 → 홋카이도 → 일본 전체'로 퍼졌다는 설이 있다.

소바는 에도시대17~19세기에 들어서야 주식으로 부상했다. 밀가루와 메밀가루를 2:8 비율로 반죽해서 만드는 '니하치 소바'는 에도시대 패스트푸드로 자리 잡았다.

평양냉면과 막국수의 면은 분틀국수틀, 분창을 통한 압출면이다. 반면 소바는 메밀 반죽을 밀대로 밀어 칼로 가늘게 써는 절삭면이다. 일본에서는 소바 반죽의 기본을 익히는 데 최소 3년이 필요하다고 한다.

장국쯔유 맛의 중심에는 가다랑어가쓰오부시가 있다. 훈증한 것과 곰팡이가 핀 것으로 나뉜다. 간장을 졸이듯 재차 끓이고 가다랑어, 다시마, 멸치, 말린 버섯, 미림소주+찐 찹쌀+쌀 누룩으로 양조한 달콤한 술을 넣고 끓여서 '깊이 있는 감칠맛'을 만든다. 간장의 짠맛이 강한 장국은 소바를 찍어 먹는 데 좋고, 간장의 단맛이 강한 장국은 국물로 다양하게 사용한다.

도심 속 작은 공장마찌꼬바들이 빼곡하던 서울시 성동구 성수동에는 개성 있는 음식점들이 유독 많다. 김철주 주인장은 1985년 일본으로 건너가 35년 동안 무역회사에서 일하다가 메밀의 매력에 빠져 일본 소바 명인으로부터 소바를 전수받고 귀국했다. 그리고 2021년 가을에 핫플레이스 뚝섬역 부근에 정통 에도 니하찌소바江戸二八そば 식당 소바마에를 차렸다. 이어 성수역 부근에 소바마에 니고를 오픈했다.

'소바 장인' 김철주 대표

맷돌로 직접 제분한 메밀 80%에 밀가루 20%를 섞어 면을 완성한다. 2:8니하치소바는 메밀의 풍미와 면의 탄력을 함께 즐기기에 가장 적합한 황금 비율로 알려져 있다. 소금을 넣지 않고 냉 반죽한 면을 35초 동안 삶는다.

다시마에 얼음 설탕사탕과 간장을 넣고 끓인 뒤, 다시마는 90도에서 꺼내 메밀 녹쌀에 넣고 일주일 동안 숙성시켜 감칠맛을 극대화한 간장 원액을 완성한다. 간장 1 : 가다랑어 육수 8의 비율로 장국을 만든다. 단맛이 강하지 않고 짜지 않다. 신맛과 쌉쌀한 맛도 올라온다.

자루대나무 채반 소바의 경우, 면을 집어 그대로 먹어 본다. 메밀향, 삶은 정도에 따른 면의 질감을 느껴 본다. 고추냉이와사비는 면에 올려 먹어 본다. 장국은 수시로 보충해 일정 농도를 유지한다. 장국에 면을 찍어 먹거나 무와 파를 넣은 장국에 면을 담가 먹거나 취향에 따른다.

소바 먹기는 면수소바유로 마무리한다. 루틴비타민P은 수용성이어서 면수에 풍부하게 녹아 있다. 간 생마와 온천 계란일본 반숙 달걀, 쪽파와 김 가루가 올려진 토로로 소바와 훈제 청어를 올린 청어 소바는 건강한 맛을 선물한다. 온천 계란은 68도에서 30분간 삶아 내놓는다. 시치미7가지 향신료를 뿌리면 맛이 훨씬 풍부해진다. 유자 향 단무지와 새콤달콤한 매실 장아찌우메보시는 미각을 북돋운다.

평양냉면, 막국수와 함께 우리 곁에 다가온 소바는 일본과 한국을 이어주며 대표적인 메밀 음식으로 자리하고 있다. 맷돌로 갈아 만든 메밀가루, 주문 즉시 반죽하고 자른 면, 100% 가다랑어 국물. 주인장의 고집스런 메밀 음식엔 정성스러운 맛의 세계가 은은하게 담겨 있다.

지치고 힘들 때, 서로의 그리움이 절실할 때, 비라도 내리는 여름날, 김철주의 메밀 한 그릇은 모두에게 따뜻한 위로가 되어줄 것이다.

주소 서울시 성동구 연무장길 39-15 지층
전화 0502-5550-9059
주요 메뉴 니싱소바, 가케소바, 토로로소바, 규동, 자루소바

| 방배동 |
스바루

도쿄 소바의 원형에 가장 가까운 맛,
정다운 사람과 한 번은 꼭 가야 한다

문헌상 기록으로 소바가 등장한 것은 16세기다. 신분에 상관없이 모든 사람이 메밀 음식을 즐기게 된 것은 에도시대 말엽이다. 메이지유신으로 소바 문화가 낡은 것으로 치부되고 대신 기계식 제면기가 등장했다. 손반죽으로 만드는 메밀 함량 100%와 80%의 소바는 한동안 밀려나게 되었는데, 경제 부흥기 1970년대에 소바는 고급화되어 다시 나타났다.

소바 애호가들이 최고로 손꼽는 주와리 소바는 100% 메밀면. 글루텐이 없는 메밀을 손으로 반죽해서 면을 만든다. 쉬운 일이 아니다. 니하치 소바는 메밀 80%에 밀가루 20%를 섞은 면이다. 에도시대부터 현재에 이르기까지 면의 탄력감과 메밀 향을 느끼기에 가장 적합하다고 알려져 있다.

한편 일본에서 시작한 전기 맷돌 제분기는 '자가제면' 열풍을 몰고 왔다. 맷돌을 빨리 돌리면 많은 양의 메밀가루를 얻을 수 있지만 열에 노출된 뜨거운 메밀가루로는 좋은 면을 만들기 어렵다. 쓰나기는 반죽에 찰기를 주기 위해 넣는 재료다. 메밀의 풍미를 유지하고 쉽게 구할 수 있고 반죽이 잘 된다는 점에서 밀가루를 가장 많이 사용한다.

'쓰유가 맛있으면 어떤 소바라도 괜찮다'는 말이 있다. 가다랑어를 중심으로 한 육수와 간장을 섞어 만드는 쓰유가 있다. 짠맛 쓰유는 소바를 찍어 먹는 용도로, 단맛 쓰유는 국물뿐만 아니라 생선조림 등 다양한 요리에도 사용한다.

방배동 스바루의 주인장 강영철 씨. 일본 주재원으로 40여

년 전 일본 땅을 밟았다가 메밀에 끌려 도쿄 소바 장인으로부터 소바를 배웠다.

"소바의 본고장과 다름없는 맛을 구현하여 고객에게 최고의 소바를 제공하겠다."는 철학으로 끊임없는 연구와 개발을 지속해온 강영철 셰프에 이어 아들 강성영 씨도 같은 스승에게 사사 받음으로써 스바루는 일본 도쿄 소바의 원형에 가장 가까운 것으로 평가받고 있다.

"메밀은 생산지, 생산 후 보관 기간, 보관 방식, 제분 방식, 반죽, 삶는 시간에 따라 맛의 차이가 크게 납니다."

예전에는 중국산을 써 왔는데 요즘은 미국산을 쓴다. 맷돌 제분기에서 분당 16회로 열이 나지 않게 저속 제분하고 기계식 체로 걸러 메밀가루를 만든다. 중력분 밀가루를 더해 소금을 넣지 않고 냉 반죽한다. 25초 정도 삶고 24센티미터 길이로 니하치 소바를 만든다.

당일 제분한 메밀가루, 금방 한 반죽, 바로 삶아 낸 면. 이 세

가지가 스바루의 음식을 만드는 3대 원칙이다.

손님에게 나가기 전 주인장은 매번 국수 가락을 맛보거나 손의 감각을 통해 면의 완성도를 직접 확인한다.

"늘 정성을 다하지만 최상의 면은 20% 정도에 불과합니다."

스스로에게 엄격한 평가를 내리는 냉정한 장인이다.

각진 형태로 탄력이 살아 있는 면은 덜 익은 면처럼 느껴져 소바 초심자는 무척 당황해하기도 한다. 화려하게 꾸미지 않은 직선의 맛에는 메밀의 구수한 곡물 향과 은은한 단맛이 담겨 있다.

쓰유는 미림과 설탕을 넣고 졸인 간장에 가스오부시만으로 우려낸 육수를 더해 만든다. 자루소바는 짭짤한 쓰유에 찍어 먹고 와사비와 함께 그냥 먹어볼 것을 권한다.

함께 나오는 파는 메밀에 풍부한 비타민B_1 흡수를 돕고, 와

스바루 강영철 대표

사비는 살균 작용을 하며, 매운맛의 무는 소화를 돕고 소바가 지닌 단맛을 끌어낸다. 메뉴 선택과 먹는 방법을 물어보면 주인장의 편안하고 자상한 설명이 뒤따른다.

메밀 품종, 제분 기술과 반죽, 면을 삶는 초 단위 시간에 이르기까지 늘 연구하고 공부하는 김영철 주인장. 루틴비타민P의 보고라며 따뜻한 면수를 권한다.

마음 따뜻한 사람이 무척 그리울 때 발길은 이미 정다운 사람과 함께 스바루로 향하고 있다.

주소 서울시 서초구 방배중앙로21길 7 우승빌딩 1층
전화 02-596-4882
주요 메뉴 자루소바, 들기름메밀, 오리메밀, 덴부라메밀, 우동

생명의 메밀은
사랑이자 평화입니다

메밀 음식을 찾아서 전국을 주유하다 보니, 어느새 연륜이 쌓이고 소문이 제법 났던 모양입니다. 주로 활동하는 분야인 노동계에서 심심찮게 강연 요청이 들어옵니다. 그중에서도 지난 2023년 7월 12일에 창립 36주년을 맞이한 한국자산관리공사노조 초청으로 부산에서 메밀 강연을 한 것이 가장 기억에 남습니다.

노동조합운동을 주제로 하는 강연이 아니라 메밀을 중심으로 사랑과 평화를 얘기해 달라고 한 것이 더욱 마음에 들었습니다. 그래서 흔쾌히 강연 요청 수락을 했고, 힘든 하루 일과를 마친 조합원들과 함께 메밀 이야기를 나누었습니다.

메밀을 자주 드시면서 건강과 마음의 평화를 누리면 좋겠다고 말씀드렸습니다. 따뜻하게 맞아주신 김승태 위원장님과 노동인 수석부위원장님, 김동선 부위원장님께 특별히 감사를 드립니다. 생명의 메밀은 사랑이자 평화입니다.

5부

변화와 혁신, 메밀 음식의 진화

평양냉면 1세대는 평양 출신이 남하해 차린 노포들로, 실향민의 향수를 달래주었다. 2세대는 육수와 면에서 자신만의 개성을 바탕으로 냉면 전문점으로 발전했다. 3세대는 제면 기술을 고도화시켜 면의 질감과 맛의 변화를 추구하며 깊이를 추구한다. 평양냉면과 막국수의 경계가 옅어지는 것도 3세대의 특징이다.

| 방이동 |
봉피양

고 김태원 장인의 계승자들이 펼치는
가장 대중적인 평양냉면의 향연

 2019년, 김태원 장인은 82세의 나이로 우리 곁을 떠났다. 충북 옥산면 출신으로 1952년 을지로 우래옥에 들어가 평양 출신 주병현 주방장으로부터 평양냉면의 모든 것을 전수해 '서울식 평양냉면'의 토대를 일군 냉면계의 거장. 80년대 대원각을 거쳐 2002년부터 봉피양 방이점에 이르기까지 67년 세월을 평양냉면에 바쳤다.

"음식은 전통을 지키면서 시대에 맞게 진화해야 한다."는 고인의 철학은 평양냉면 장인의 맥을 이어가는 봉피양의 도제 시스템으로 계승되고 있다.

평양냉면 1세대는 평양 출신이 남하해 차린 노포老鋪들로, 실향민의 향수를 달래주는 디아스포라의 소울푸드로 자리했다. 2세대는 육수와 면에서 자신만의 개성을 바탕으로 대중에게 다가온 냉면 전문점으로 자리 잡았다. 북한 출신 조리장이 내놓는 평양냉면도 이에 해당한다고 본다.

3세대는 제면 기술을 고도화시켜 탄력 있는 100% 순면을 내놓고, 단메밀에 쓴메밀을 더해 면의 질감과 맛의 변화를 추구하며 깊이를 추구한다. 냉면을 담는 그릇도자기, 유기부터 소홀히 하지 않으며, 쾌적한 환경, 편리한 주문, 개별 수저 포장, 위생과 청결에 이르기까지 각각의 면에서 서비스의 만족도를 높이고 있다. 100% 메밀면을 중심으로 평양냉면과 막국수의 경계가 열어지는 것도 3세대의 특징이다.

미식 수준이 높아지고 자신만의 취향을 즐기는 음식문화가 자리 잡으면서 도래한 '평냉의 시대'를 3세대 평양냉면 전문점들이 열고 있다. 그중에서도 봉피양은 평양냉면 2세대의 문을 지나 3세대의 대중화를 선도하고 있다. '봉피양'은 본평양의 평안도 발음이다. 프랑스어 '좋다'의 Bon과 평양의 평안도 발음이 합쳐진 이름이다.

1986년 DJ김대중 전 대통령의 장남 김홍일 씨가 운영하던 신촌의 벽제갈비를 인수해 세계미식가들의 눈과 귀를 명품 한우 브랜드로 쏠리게 만든 장본인은 김영환 회장79세이다. 그는 1995년 송파구 방이동에 평양냉면 전문점 봉피양을 개업했다. 가업을 이어받은 김태현 대표38세와 함께 두 부자는 60년 경력의 김태원 장인과 손잡고 봉피양을 대중적 평양냉면의 대표 주자로 만들었다. 지금은 김태원 장인에게서 23년 동안 기술을 전수한 탁중원 씨를 중심으로 도제 방식으로

5부 | 변화와 혁신, 메밀 음식의 진화 183

양성한 봉피양 장인 군단이 전국에 산재한 직영점을 이끌고 있다.

한우, 한우 잡뼈, 국내산 돼지등뼈, 국내산 천일염, 양파, 대파, 무와 마늘, 건 청양고추, 생강을 넣어 만든다. 여기에 소주와 간장이 들어간다. MSG도 첨가한다. 진한 고기국물 맛. 깔끔함 속에 약한 듯 감칠맛이 올라온다. 서울 소재 직영점 12곳의 육수 염도는 1.0~1.2 정도로 다소 짜게 느껴질 수도 있다. 중국산 메밀을 쓰지만 메밀의 생산과 유통, 보관 과정에서 최상의 제품을 들여온다고 한다.

밀가루 20%에 메밀 80% 면과 메밀 100% 면 두 가지가 있다. 거친 듯 부드럽다. 메밀 특유의 곡물 향이 은은하다. 면과 육수가 조화를 이룬다. 고명으로 올린 얼갈이배추 절임은 신맛과 단맛이 강해 음식 기호에 따라 얼마간 호불호가 있다. 한우 편육, 초절임 무, 달걀지단이 함께 오른다. 껍질째 제공되는 돼지고기 편육과 백탄에 구워낸 돼지갈비 한 점을 메밀면에 올려 먹으면 금상첨화다.

묵직한 방짜유기는 냉면을 먹는 내내 육수의 시원함을 유지해 준다.

폭염의 계절, 주방에서 구슬땀을 흘리며 한 그릇의 평양냉면을 위해 정성을 다하는 수고로운 노동과 고 김태원 장인에게 한없는 감사를 표한다.

주소 서울시 송파구 방이동 205-8
전화 02-415-5527
주요 메뉴 봉피양 평양냉면, 돼지목심본갈비, 한우떡갈비, 한우양곰탕

| 홍대 입구 |
서관면옥

냉면계의 변화와 혁신 선도,
최선이 최고를 낳는다

식량은 늘 부족했다. 조정에서는 '환곡還穀'이라는 제도를 만들어 식량이 떨어지는 춘궁기에 관청에서 곡식을 빌려주고 가을 추수 뒤 이자를 붙여 갚도록 해서 배고픔에 시달리는 백성을 구제했다. 그러나 조선 후기로 오면서 오히려 그 제도가 백성을 고통에 빠뜨리는 적폐가 됐다. '가분加分'은 관청마다 규정 수량보다 더 빌려주는 제도로, 조정의 허락을 받아야 했다. 그러나 과도한 이자를 받으려고 눈이 먼 탐관오리들은 불법 '메밀 가분'으로 배를 불리다 들켜서 파직되거나, 처벌을 받았다.

자연재해로 한 해 농사가 망해 갈 때 나라는 벼 대신 메밀을 대신 심는 대파代播를 최종 지시한다. 정약용의 근심이 깊었던 것을 알 수 있는 문헌이 남아 있다.

> "조정에서 메밀 종자를 나눠 주라지만 지방 수령이 따르지 않는다. 메밀이 귀해지니 시장에서도 살 수 없고, 종자도 주지 않으면서 메밀을 파종하라는 터무니없는 일이 벌어진다."
> _《다산 시문집》

1795년 메밀 대파 현장인 평택에서 다산이 남긴 시 한 편을 보자.

> 올해 바닷가에 비가 덜 내려
> 논마다 메밀꽃이 하얗게 피었어라
> 먹는 곡식 같지 않고 들풀과 같아
> 메밀대 붉은 다리가 저녁노을에 처량해라

> 메밀 익은 뒤 장에 가서 쌀과 바꾸면
> 올가을 환곡이야 갚지 않겠는가.

이는 메밀이 구황작물을 넘어 나라가 직접 관리한 주요 식량이었음을 말해준다.
황해도 곡산 부사로 해주 출장을 간 다산은 이때도 선주후면의 풍경 속 메밀 사랑을 노래한다.

> 서관의 시월에 눈이 한 자나 쌓였는데
> 휘장 겹쳐 두르고는 담요에 손님 주저앉히더라
> 벙거지 모양 전골냄비에는 저민 노루고기 붉고
> 사리 얌전히 올린 냉면에
> 곁들인 배추절임 푸르구나

'서관西關은 메밀 주산지인 황해도와 평안도를 통틀어 이르는 말이다. 그 지명을 따 2018년 개업한 서관면옥은 평양냉면계의 신흥 주자다. "한식을 대표하는 요리를 만들고 싶다"는 생각으로 시작하여 최고의 냉면을 탄생시켰다. 교대역 본점에 이어 홍대점, 2025년 봄에는 신세계백화점 본점 14층에도 3호

점을 오픈했다.

허경만 대표는 외식업에 바친 20여 년 세월에 방점을 찍고 메밀 순례를 떠났다. 제주 보롬왓, 한라산아래첫마을 영농조합을 포함해 최상의 국내산 메밀을 만나기 위해 전국 곳곳을 찾아갔다. 가을 메밀이 여름 메밀보다 좋다고 하니 여름 메밀의 단점을 보완키 위해 허 대표는 전국을 두 발로 누볐다. 그 결과 제주산 가을 메밀을 중심으로 단메밀에 쓴메밀을 5~10%

비율로 섞어 100% 메밀 순면을 만들었다.

맷돌 제분기로 녹쌀겉껍질을 벗긴 메밀을 저온·저속으로 제분한 메밀가루를 3시간 이내에 사용한다. 소금을 넣지 않고 물만으로 메밀가루를 냉반죽한다.

"단순, 간결한 평양냉면은 메밀이 그 시작과 끝이다."

육수는 한우 양지와 사태를 8시간 끓이고 천일염으로 완성한다. 평양냉면의 찬 육수에서 진한 고기 향을 느끼고 면에서 메밀 향을 강하게 느끼기란 여간해서는 쉽지 않다. 육수는 맑고 시원하다.

서관면옥 본점과 직영점의 육수 염도는 1.0%, 온도는 12도. 육수에 담긴 메밀에서 구수한 곡물 향과 은은한 단맛, 아주 약하게 와 닿는 쓴메밀의 쌉싸름한 맛을 느낄 수 있다. 투박하면서도 목 넘김이 부드러운 면과 육수의 조화가 일품이다.

서관면옥의 제면 기술에 도움을 준 이는 국내 최고의 전문가 서령의 정종문 면장이다. 기품 있는 도자기와 전통의 유기를 사용한다. 매일 20인분만 내놓는 서관면상점심특선을 먹으려면 서둘러야 한다. 골동냉면과 선비냉면, 안주 삼아 먹을 수 있는 맛박이냉면이 대표 메뉴다.

다산의 실사구시는 법고창신의 정신이 아닐까 한다. 전통의 맛을 현대에 맞게 재해석해 평양냉면 '계'의 변화와 혁신을 이끄는 허경만의 서관면옥에서 바로 그 정신을 발견한다.

주소 서울시 마포구 월드컵북로5길 41 누디트홍대
전화 0507-1379-5735
주요 메뉴 서관면상, 평양냉면, 골동냉면, 맛박이냉면, 선비냉면, 랭반, 녹두빈대떡, 서관만두

한국 사회의 불평등을 피할 수는 없을까, 조돈문 교수와 서관면상

한국비정규노동센터 이사장이자 가톨릭대 명예교수인 조돈문 형님은 오랫동안 우리 사회 비정규직과 노동문제, 그리고 사회 양극화 해소 연구에 천착해 왔다. 2024년 6월 말《불평등 이데올로기 : 수저 계급 사회에 던지는 20가지 질문》이란 책을 한겨레출판사를 통해 펴냈다. 10년 전 이른바 '헬조선'에서 시작해 '죽창론', '수저론'으로 이어지는 불평등의 한국적 서사는 완성형이라면서, 이미 "돈도 실력이라는 지배적 이데올로기가 자리잡았다"고 지적한다. 조돈문 이사장에 따르면 모든 자본주의 사회는 불평등하다. 상위 10%가 제 몫보다 더 많은 소득을 올릴 때 하위 70%는 제 몫보다 적게 버는 게 당연한 사회다. 이런

세상은 어떻게 유지될까. 그 이유를 알기 위해 불평등의 근간을 이루는 핵심 질문 20개를 제시하고, 각종 데이터를 수집해 서구 국가와 우리의 불평등 수준을 비교했다.

결과는 흥미롭다. 2010년대 한국의 자산과 소득배율 격차는 8배 정도로, 서구 국가의 평균 2.4배를 상회했다. 수저 계급 사회의 국제비교적 증명인 셈이다. 조돈문 교수는 책에서 "한국 사회는 상위 10%의 점유율이 1970년대 서유럽 국가 수준에서 2010년 미국까지 추월해 가장 불평등한 국가군에 편입됐다"고 썼다.

1년 넘게 고생하셔서 우리 사회에 좋은 책을 선물해 주신 조돈문 큰형님께 책이 나온 직후에 메밀 한 그릇을 대접해 드렸다. 서관면상을 앞에 두고 한국 사회의 불평등을 피할 수는 없을까 하는 주제로 나눈 대화는 많은 가르침이 되었다.

한국의 지표상 불평등은 심화하는 동시에 불평등과 불공정에 대한 시민의 불만 수준도 높다. 이런 한국의 모습은 불평등은 심각한데 불만이 높지 않은 미국과는 사뭇 다르다. 조돈문 이사장은 이런 차이를 변화의 가능성으로 지적했다.

| 강남구청역 |

봉밀가

3세대 평양냉면의 선두주자,
아집은 없고 고집은 있다

1930년대 평양은 인구가 30만을 넘었고, 면옥麵屋이 50군데나 되는 냉면의 도시였다. 얼음·MSG아지노모토·면에 탄력을 주는 식소다식용 탄산수소나트륨, 그리고 상시 공급 가능한 메밀가루 덕분에 평양냉면은 대중화되고 상업화됐다. 반죽꾼, 면을 삶는 발대꾼, 면을 찬물에 헹궈 그릇에 담는 앞잡이, 고명꾼, 냉면을 배달하는 중머리라는 분업을 통해 면옥은 외식업으로 자리 잡았다.

많은 돈을 번 면옥 주인들의 횡포는 상상을 초월했다. 이에 270명의 면옥 노동자들은 평양면업노조를 건설하고 1925년 4월 25일 1차 파업 이후, 초파일을 맞이해 2차 동맹파업에 들어갔다. 요구 사항은 이러했다.

- 임금을 인상할 것
- 조합에 가입하지 않은 자를 채용하지 말 것
- 채용과 해고에서 조합의 승인을 얻을 것
- 일요일과 각 면옥의 휴업일을 유급휴일로 할 것
- 총동맹파업을 이유로 어떤 해고자도 내지 않을 것

평양면업노조 동맹파업을 보도한 당시 신문 기사

당시 평양경찰서 고등계의 중재로 주인 조직인 평양면옥조합과 합의를 하였다. 하지만 이후 주인들은 50명의 노동자를 해고하고 블랙 리스트에 올렸다.

1927년 2월, 평양 대동문 림중식면옥에서 림중식은 허기진 종업원에게 며칠 묵은 언 밥을 내줬다. 반죽꾼 숙련노동자 김치문은 분노했고 파업에 들어갔다. 그리고 김치문을 포함한 4명의 조합원은 구속되었다.

같은 해 원산면옥 노동자 200여 명이 파업을 일으키고, 1936년 해주면옥 노동자들도 총파업을 일으켰다. 일제의 탄압으로 사리원면옥노조는 1936년 4월 23일 해산되지만 1938년 12월 평양면업노조는 240명이 참가하는 파업을 벌였다.

"평양면업노동조합의 총파업, 김치문의 눈물, 사리원면옥노조 해산이 다 잊을 수 없는 음식 문화사의 한 장면이다. 우리가 냉면 한 그릇을 언제든 먹기까지는 만만찮은 역사를 지나왔다."
_《거짓말 상회》, 고영 (음식문헌연구자)

2010년대부터 평양냉면의 '신진 세력'이 강남권에 등장한다. 2014년 강남구청역 부근에서 창업한 권희승 셰프(45세)의 봉밀가본밀가-메밀 음식을 제대로 하는 집. 직영점 3곳과 밀키트 사업. 우래옥, 을밀대, 평양면옥, 울릉, 평래옥, 한솔냉면의 주방에서 근무한 셰프들이 합류해 "고집은 있어도 아집은 없다."는 음식 철학으로 평양냉면을 만들고 있다. 20대에서 60대까지 정규직 20명과 단시간 노동자 8명이 근무하는데 시급은 후한 편이라 한다.

"북한에서는 국수라고 하는데 편견 없이 편하게 평양냉면을 먹으면 좋겠다."는 주인장의 뜻이 담긴 '평양메밀물국수'가 시그니처 메뉴다. 한우 '1+ 등급'5등급 중 두 번째로 높은 등급 이상의 양지·설깃살·무·대파·양파·한약재로 5시간 동안 끓여낸 육수에 전남 영광군 법성 수림원의 3년 숙성 재래식 국간장을 넣는다.

강남구청점과 서울숲점, 행당점 등 3곳의 염도는 모두 0.9~1.0 정도를 맞춘다. 육향, 감칠맛, 연한 짠맛이 느껴진다. 자가 제분한 중국산 메밀 80%에 고구마 전분 20%를 섞은 면은 툭 끊

어지지 않고 목 넘김이 매끄럽다. 메밀 특유의 향은 때때로 과장되기 일쑤인데 은은한 곡물 향이 올라온다. 고명은 파, 소고기 편육, 배, 초절임 무로 이루어진다. 루틴이 풍부한 메밀싹국수도 별미다.

음식점 노동자의 노동권을 존중하고, 어려운 계층에게 메밀 음식을 봉사하고, 위생과 서비스의 질을 높여 손님을 맞이하는 봉밀가. 개인적으로는 '맛집' 선정 기준에 '음식점 노동자의 처우'가 필수 평가 항목으로 자리 잡기를 바란다.

주소 서울시 강남구 선릉로 664 1층
전화 02-546-2305
주요 메뉴 평양물냉면, 평양비빔냉면, 미나리평양냉면, 메밀쌀국수, 한우곰탕, 메밀전

| 서귀포 |
한라산아래첫마을

제주의 자청비 신화,
마을 레거시에서 공동체 레볼루션으로,
비비작작면

제주도의 〈자청비 신화〉는 《세경본풀이》에 등장한다. 세경世經은 농경신農耕神의 제주 방언. 본풀이는 무당이 굿을 할 때 노래로 풀어내는 신의 내력을 뜻한다. 우리나라의 농경 기원 신화는 세경본풀이가 유일하다.

주인공 자청비는 고난을 극복하고 농사의 신이 된다. 강인한 여성으로 뛰어난 업적을 세운 자청비에게 옥황상제는 오곡 씨앗을 내린다. 농사를 시작하는데, 다섯 씨앗 중 하나가 빠져 있었다. 자청비가 하늘로 가서 뒤늦게 가져온 것은 바로 메밀. 척박한 돌의 섬, 태풍의 섬에서 '뿌려놓기만 하면 잘 자라는' 메밀은 생명의 씨앗으로 제주 민중의 삶이 됐다.

전국 생산량 1위 제주 메밀. 2022년 기준 재배면적은 1,665헥타르로 전국 2,259헥타르의 73.7%에 달한다. 생산량은 1,264톤으로 전국 1,982톤의 63.8%이다. 통계청에 따르면 2020년 국내 메밀 총 수요량은 4,255톤으로, 48%를 수입에 의존한다.

2020년 농촌진흥청은 국내 최초로 '쓴메밀' 품종 황금미소를 개발했다. '쓴메밀' 황금미소는 항당뇨, 항염증 효능이 있는 루틴 함량이 일반 메밀보다 51배 많은 신품종이다. 꽃은 녹황색이고, 줄기는 연홍색이다. 기후위기는 농작물의 생육환경을 교란하고 온갖 풍수해와 병충해를 부른다. 황금미소는 비바람에 쓰러짐이 적고 병충해에 강해서 기후위기 대응 품종으로 평가받는다. 제주에서는 이모작이 가능하다.

제주 향토 메밀 장인으로 선정된 강상민 대표

한라산아래첫마을은 해발 500미터에 위치한, 제주에서 가장 작은 마을이자 가장 높은 마을. 200여 년 전 광평리가 들어서고, 광평리 아이들이 하르방할아버지, 할망할머니이 되도록 농사를 지어 온 곳이다.

2015년, 마을의 15가구 모두가 참여하여 영농조합법인을 세웠다. 젊은 친구들이 다 마을을 떠나는 상황에 뭔가 준비를 해야 한다는 데 조합원들 의견이 모였다.

돌이 많아 척박하고, 여름이면 수차례 태풍이 몰아치는 섬에서도 '그냥 뿌려놓으면 잘 자라는' 메밀은 제주인들을 살게 하는 고마운 곡물이었다. 제주에 깊숙이 뿌리내렸지만, 활용을 잘 못 하는 바로 그 메밀을 소재로 해보자고 결심한 게 시작이었다. 그렇게 해서 메밀 생산, 가공공장 설립메밀 녹쌀과 메밀가루 제조에 이어 2020년 메밀 전문 음식점 한라산아래첫마을서귀포시 안덕면 광평리 본점, 표선면 제주민속촌 분점을 창업했다. 현재는 한 해 10만 명이 찾아오는 'MZ픽' 맛집이자 농촌융복합 6차 산업의 모범으로 성장했다.

제주 향토 메밀 음식 장인으로 선정된 강상민 대표는 제주의 고유 풍습 '반^{동네 제삿집에서 남녀노소 모두에게 음식을 평등하게 나누는 풍습}과 전통의 골동면을 토대로 '비비작작면'을 탄생시켰다. '비비작작'은 글씨를 마구 쓰거나 낙서하는 자유로운 모양새를 일컫는 말이다.

한라산아래첫마을에서는 서귀포시 안덕면 광평리 무농약 메밀 녹쌀을 맷돌 제분기로 저속 제분하고, 주문 즉시 반죽해 면을 뽑는다. 100% 순면인 약간 굵은 면은 거친 듯 탄력이 살아있다.

둥글넓적한 놋그릇에 생들깨, 참깨 가루, 김 가루, 잘게 썬 쪽파, 표고버섯나물, 제주산 무나물, 메밀 싹이 원형으로 놓인다. 들기름과 간장소스로 간이 된 면 위로 제주산 한우 편육, 얇게 썬 오이절임, 동그랗게 만 계란 지단, 실고추가 올라온다. 시각이 먼저 맛으로 반응하고 들기름과 참깨, 들깨 향이 후각을 자극한다.

'제주메밀물냉면'의 육수는 제주 한우 양지로 우려낸다. 육향

5부 | 변화와 혁신, 메밀 음식의 진화

이 강하다. '비비작작면'에서 물러나 있던 구수한 메밀 향이 살아난다. 고명으로 듬뿍 올린 제주 무채 절임이 시원함을 더한다.

폭염을 이겨 낸 제주 산간 마을의 가을은 온통 메밀꽃이 일렁일 것이다. 기후위기 속 우리가 확인할 희망의 마지막 모습은 여전히 아름답다.

주소 제주특별자치도 서귀포시 안덕면 산록남로 675
전화 064-792-8245
주요 메뉴 비비작작면, 제주메밀물냉면, 제주메밀비빔냉면, 한우곰탕, 메밀조배기(수제비), 메밀전, 메밀만두

| 제주시 표선면 |
메밀밭에가시리

제주산 100% 메밀 음식점이자
혁신성장형 벤처기업

평양냉면과 함흥냉면은 기원과 진화가 완전히 다른, 이종의 음식이다. 평양냉면과 함흥냉면은 대극이다. 맛의 지향 세계가 극과 극인 음식이다.

평양냉면은 메밀면과 육수동치미의 조화를 우선한다. 무미無味의 맛이다. 부드럽게 끊기는 면발에 밍밍하고 슴슴하며 은은하다. 혀의 미각, 코의 후각을 열심히 동원해도 맛을 쉽게 가늠키 어려운 음식이다. 함흥냉면은 고구마면감자면과 회무침·고춧가루·설탕으로 중무장한 음식이다. 질긴 면발에 달고 맵고 짠 맛이 더해진 비빔의 세계다.

'냉면'으로 부르는 함흥냉면의 실체는 '고구마나 감자 전분 비빔면'이다. 평양에는 평양냉면이 없고 그저 국수라 부르듯이 함흥냉면은 해방 전에는 감저국수, 회국수, 또는 국수라 했고, 농마녹말의 북한말국수라는 용어는 북에서 아직도 쓰고 있다.

평양냉면 육수의 MSG와 함흥냉면 양념의 극단적 단맛. MSG는 맛의 신세계를 열었고 감칠맛의 자격으로 다섯 가지 맛을 완성했다. 부실한 재료를 사용한 음식일지언정 MSG가 들어가면 맛은 평정된다. 단맛은 모든 동물의 뇌로 하여금 '맛있다'는 결정을 즉각 내리게 한다. 중독의 힘을 갖고 있고 다른 맛을 느낄 틈조차 주지 않는 폭력의 맛이기도 하다.

MSG의 마술과 극강의 단맛은 미각의 성숙을 어렵게 한다. 음식 재료 분류는 맛의 분별력을 길러 준다. 메밀국수=평양냉면, 그 외 막국수, 소바, 골동면, 감자·고구마 국수=함흥냉면의 공식이 들어맞는다.

메밀면은 맛을 일관되게 유지하기가 어렵다. 메밀의 주성분인 전분은 제분 과정에서 가루 온도가 섭씨 40도를 넘으면 변성을 일으킨다. 제분 뒤 공기와 접촉하는 시간이 많을수록 탄력이 떨어지고 향도 사라진다. 수확 뒤 보관과 유통 과정에서도 저온 유지가 필요하다. 최선의 길은 주문 즉시 맷돌 제분기로 저속·저온 제분하고 즉시 반죽해 면을 뽑는 것이다. 자가 제분, 자가 제면을 내세우는 이유다.

제주도 산간마을 표선면 가시리에 위치한 메밀밭에가시리는 직접 메밀을 수확·도정·제분·제면해 메밀 음식을 만든다. 메밀 생산부터 메밀 음식에 이르기까지 모든 공정이 갖춰져 있다. 밀가루, 기타 전분, 합성 첨가물 없는 100% 제주산 메밀면이다.

메밀국수 메뉴를 총망라해 내놓고 있는 윤영수 대표가 운영하는 메밀밭에가시리는 2023년 기술성, 다양한 메밀 제품의 미래 성장 가능성을 인정받아 혁신성장형 벤처기업이 됐다. 특허를 받은 제면 설비를 통해 탄력을 확보한 100% 메밀면은 쫄깃하고 도톰하다. 100% 순메밀면의 단점인 툭툭 끊어지는 식감을 개선하여 독자적인 기술로 만든 쫄깃하고 찰기 넘치는 면발이 특징이다.

'메밀동치미냉면'은 제주산 겨울 무로 담근 동치미 맛이 시원한 막국수다. 고명으로 아삭한 무와 계란지단, 볶은 참깨가 오른다. '메밀들기름면'은 전국을 강타하고 있는 골동면인데, 간장을 품은 제주산 들기름, 해초가루, 무와 파가 어우러지면서 고소함과 향긋함이 교차한다. 가다랑어 장국에 담긴 냉 '소바'는 감칠맛이 은은하게 퍼지고 '납작소바'엔 가늘게 썬 마와 파가 올라간다. 다진 돼지고기로 뭉근하게 졸여 낸 빨간 양념장의 '비빔면'은 극강의 단맛에서 벗어나 있고 맵지 않다.

제주의 가을은 바람을 타고 일렁이는 억새와 메밀의 바다다. 표선면에 있는 '보롬왓'바람 부는 밭에 들러 하얀 메밀밭을 거닐고 '따라비'높은 산 오름의 억새를 만난 뒤 메밀밭에가시리로 가서 메밀국수의 향연을 누려 보자.

주소 제주특별자치도 서귀포시 표선면 가시로 423
전화 064-901-0480
주요 메뉴 메밀동치미냉면, 메밀들기름면, 메밀비빔면, 메밀납작소바, 메밀만두, 메밀부추전

| 분당 |

율평

철원 맷돌과 제주 메밀,
현무암이 낳은 메밀의 세계

메밀가루를 내는 데 긴요하게 쓰인 도구가 맷돌이다. 아랫돌 가운데 숫쇠라는 쇠꼬챙이가 꽂혀 있으며, 윗돌 가운데 숫쇠가 들어갈 수 있는 암쇠 구멍이 있다. 숫쇠와 암쇠를 합쳐 중쇠라 부른다.

맷돌은 중쇠를 축으로 윗돌이 아랫돌 위에서 회전하며 곡물을 분쇄한다. 윗돌에는 메밀을 넣을 수 있는 아가리와 'ㄴ'자 모양 나무 손잡이인 맷손어처구니이 있다. 맷돌질은 음양의 결합, 풍요와 생산을 상징한다. 춘향가의 사랑가 중에 맷돌 노래는 춘

향과 이몽룡의 적나라한 사랑을 드러낸 대목이기도 하다.

철원은 현무암 산지로 조선 시대부터 맷돌을 만들던 고장이다. 화산의 용암이 만들어낸 구멍이 많고 가벼운 돌로 만든 맷돌을 '고석매'라 한다. 고석매 장인 백성기 부흥석재 대표(78세)는 40년 세월을 바쳐서 철원 현무암 맷돌의 명맥을 잇고 있다. 맷돌을 자동화, 현대화, 대중화하는 데 성공했다. 자가 제분하는 메밀음식점의 자동맷돌 분야에서 독보적인 존재다.

"음식 재료를 분쇄할 때 믹서기와 맷돌의 차이는 크다. 칼날로 간 것과 속도를 조절하며 돌로 으깬 것 사이에는 입자의 질감 차이가 크다. 현무암은 방사선이 없는 친환경 소재이며, 열전도율이 낮아 곡물의 영양가가 파괴되지 않는다."

한편, 김종태 시인은 맷돌을 그리워하며 삶을 성찰한다.

> "인생은 결코 칼로 자르는 것이 아니다. 인생은 가는 것이다. 으깨고 갈고 문지르고 세월에 깎이면서 온몸으로 세상을 사는 것이다."

분당 율평 박성만 대표와 현무암 맷돌 제분기

의정부 동치미 막국숫집과 철평철원 평양냉면을 거쳐, 분당에서 지난 4월 개업한 율평율동공원 평양냉면의 박성만 대표49세는 이 부분을 놓치지 않았다. 20년 세월 동안 메밀면을 탐구한 결과는 백성기 명인의 철원 현무암 맷돌 제분기와 현무암 토질의 제주산 메밀로 귀결되었다. 메밀은 품종과 생산지만큼 유통과 보관이 중요한 작물이다.

"비법은 없다. 통 메밀을 1년 동안 항습·항온으로 잘 보관하면 된다. 가을에 벼를 추수해 잘 보관하다가 갓 도정한 쌀로 지은 밥이 맛이 뛰어난 것처럼 메밀도 같은 원리다. 고향 철원의 오대쌀 품종이 풍미가 훌륭하듯 제주산 가을 메밀도 그러하다."

제주산 메밀을 연간 300톤가량 유통하는 홍천 잣고개영농조합대표 민배홍은 잣은 물론, 통 메밀 포함 곡류 보관의 귀감이 되고 있다. 율평은 1년 내내 잣고개영농조합에서 갓 도정한 제주산 가을 메밀 녹쌀을 가져다 쓴다.

열에 약한 메밀을 위해 맷돌은 1시간 돌아가고 1시간 멈춘다. 큰 맷돌로 내린 입자가 굵은 메밀가루는 면의 질감을, 작은 맷돌로 내린 고운 입자의 메밀가루는 면의 점성을 확보해 준다. 1대 1로 배합해서 얼음물로 반죽한다. 매일 온·습도를 확인하며 반죽하는 물의 양을 조절한다. 소금은 넣지 않는다. 면수는 연녹색을 띠며 탄내 같은 곡물 향이 난다. 100% 순면은 탄력이 있고 부드럽다. 씹을수록 구수하며 은은한 단맛이 올라온다.

최상급 한우 사태와 양지, 무, 대파, 양파, 생강을 넣어 끓여낸 육수는 고기 향이 짙게 배어난다. 우래옥 육수에 버금간다는 평이다. 감칠맛은 소량의 MSG로. 고명은 초절임 무, 백김치, 양지 또는 아롱사태 편육이 올라간다. 열무김치는 반찬 그 이상이다.

제주산 가을 햇메밀이 나오는 계절이면 율평은 햇메밀 향으로 가득할 것이다.

주소 경기 성남시 분당구 문정로 154 1층
전화 031-708-5555
주요 메뉴 평양냉면, 평양들기름냉면, 평양비빔냉면, 서리태콩국수, 메밀손만두, 한우사태수육

| 평창 |
미가연

쓴메밀로 메밀면의 새로운 세계를 연
대한민국 메밀요리 1호 명인

 강원도 평창군 진부면 곶은골에서 태어나 봉평면 창동리 계모 밑에서 자란 이효석은 100리 떨어진 평창에서 하숙을 하며 초등학교를 다녔다. 서울로 유학한 이효석에겐 고향을 그리는 향수가 짙었고, 그 그리움이 〈메밀꽃 필 무렵〉을 낳았다.

"달은 지금 긴 산허리에 걸려 있다. 밤중을 지난 무렵인지 죽은 듯이 고요한 속에서 짐승 같은 달의 숨소리가 손에 잡힐 듯이 들리며, 콩 포기와 옥수수 잎새가 한층 달에 푸르게 젖었다. 산허리는 온통 메밀밭이어서 피기 시작한 꽃이 소금을 뿌린 듯이 흐븟한 달빛에 숨이 막힐 지경이다."

봉평은 그렇게 메밀의 상징이 됐다.

메밀에는 단메밀과 쓴메밀이 있다. 봉평은 상징일 뿐, 우리나라 메밀 생산은 정작 제주가 본산이다. 제주산 메밀이 전체 소비에서 차지하는 비중은 52%.

최근 제주에서 쓴메밀타타리메밀이 재배되고 있다. 쓴메밀은 최소 4천 년 동안 재배됐는데, 우선희 충북대 교수식물자원학가 최근 전 세계 510개 유전자원을 이용, 쓴메밀 게놈 지도를 작성하는 데 성공했다. 히말라야 지역이 쓴메밀의 원산지로 확인됐고 필수아미노산, 저항성 녹

5부 | 변화와 혁신, 메밀 음식의 진화

말, 루틴, 퀴르세틴 등 몸에 좋은 생체활성 플라보노이드를 함유하고 있음이 밝혀졌다. 단메밀보다 70배 정도 루틴 함량이 많다.

'봉평의 오봉순'은 2000년 5월부터 24년간 메밀을 공부하며 쓴메밀로 메밀면의 새로운 세계를 연 선구자다. 당대를 이끄는 메밀 음식의 맛과 멋을 창조한 미가연 오숙희 주인장의 별칭이다. 쓴메밀 음식 관련 세계 최초의 특허를 받고, 2017년에는 대한민국 메밀요리 1호 명인으로 지정되었으며, 2020년 세계명인 메밀 분야 월드 마스터로 우뚝 섰다.

이렇듯 줄줄이 이어지는 명예는 혁신의 결과다. 메밀면의 점성을 확보하기 위해 '익반죽'뜨거운 물을 부어가며 손으로 반죽을 하는 곳이 많은데, 미가연에서는 쓴메밀 가루와 함께 얼음을 넣고 기계로 반죽한다.

'100% 쓴메밀면'과 '20% 쓴메밀 80% 단메밀의 2대8 100% 메밀면'을 바탕으로 한 여러 메밀국수가 있다. 소면과 중면 사이 굵기의 메밀면은 특유의 꼬들꼬들함이 살아 있고 목 넘김이 매끄럽다. 메밀 싹, 들깨가루, 김 가루가 고명으로 올라간다.

메밀 싹은 노란색과 빨간색의 두 종류가 있다. 노란색 메밀 싹은 이틀 발아하고 닷새간 키운다. 빨간색 메밀싹은 이틀 발아하고 나흘간 광합성을 시킨다. 메밀 싹은 7일간 키웠을 때 루틴 함량이 가장 높다고 한다. 특히 메밀 싹에는 메밀보다 27배 많은 루틴이 함유되어 있다고 하니 고명으로 올린 메밀 싹이야말로 루틴의 보물창고인 셈이다. 신선한 부드러움은 덤이며, 전국으로 퍼져 나간 메밀 싹 고명의 선두주자가 되었다.

'육회비빔국수'에는 양념 강한 육회가 꾸미로 오른다. 대관령 한우와 메밀면의 낯선 만남이다. 동·식물단백질의 영양학적 향연이 펼쳐진다. 메밀 음식의 고급화를 꾀한 주인장의 실험정신이 낳은 결과이니만큼 호불호가 갈린다. 그렇지만 미가연을 따라 하는 메밀음식점이 전국으로 늘어나는 추세다.

이곳에서는 육수를 '육장'이라 부른다. 무, 양파, 레몬, 사과, 배, 간장, 대관령 한우 양지와 황태, 동치미, 3년 숙성시킨 매실청 등등을 며칠 동안 고아서 낸다. 육수에 면을 찍어 먹어도

되고, 육수를 면에 부어 먹어도 된다. 각자의 취향에 따르면 된다. 육장은 짜지 않고 은은하게 달다.

기본 찬으로 나오는 초절임 무채, 궁채 장아찌, 양배추김치의 아삭한 식감이 메밀면과 잘 어울린다. 철마다 밑반찬이 바뀐다. 궁채 장아찌에는 마늘종마늘의 꽃줄기, 청양고추도 함께 섞는다. 들기름 골동면인 미가면과 잘 어울린다. 테이블에 놓인 다시마 식초를 면에 조금 부으면 새콤한 도시의 맛이 튀어 오른다.

파스텔 톤의 묵직한 도자기 그릇까지 정갈하고 고급스럽다. 시각은 음식을 접하는 최초의 감각인 만큼 우리의 눈길을 단번에 사로잡는다. 내용과 형식은 서로 교감하고 영향을 주고받으며 더 높은 단계로 나아간다. 도자기에 담아낸 메밀 음식은 오감 만족과 함께 아름다운 품격까지 누리게 한다. 손님이 누리는 호사 뒤에 남겨진 설거지의 수고로움에 고마움을 표한다.

식후에는 메밀싹 주스를 마시면 좋다. 이효석의 〈메밀꽃 필

무렵)이 마련한 미학적 토양 위에 메밀 음식 혁신의 대표 주자로 '미가연'이 서 있다.

"고향 없는 이방인 같은 느낌이 때때로 서글프게 뼈를 에이게 했다."

상실감으로 위안이 필요할 때 이효석과 함께 오대산 월정사 선재길을 걷고 '봉평 오봉순'의 메밀 음식을 찾으시라. 분명 새로운 힘을 얻게 된다.

주소 강원특별자치도 평창군 봉평면 기풍로 108 1층
전화 033-335-8805
주요 메뉴 메밀미가면, 메밀쌕육회, 메밀비빔국수, 육회비빔국수, 메밀쌕묵무침, 메밀전

한반도 메밀순례단

일정한 날을 정해서 약속을 지키며 만남을 이어가는 일에는 두 가지가 필요합니다. 건강을 유지해야 하고 마음이 편해야만 합니다.

고향을 떠나 살아가는 인생은 실향민 신세일 터, 더구나 외롭기까지 합니다. 군더더기 뺀 소박하고 순박한 메밀 음식을 통해 검박의 품격을 누리는 경험을 함께하자고 강변해 왔습니다.

메밀과 함께 주거니 받거니 이야기꽃을 피우는 시간은 다정합니다. 동학 2대 교주인 해월 최시형 선생께서 '함께 나누는 밥이 생명이요 하늘'이라 하신 말씀을 새기며 다시 순례를 떠납니다. '한라에서 백두까지' 메밀 순례길이 이어지길 소망합니다. 그동안 한반도메밀순례단과 함께해주신 모든 분들께 동지와 동행자의 마음으로 감사를 드립니다.

단장 박승흡

🌰 한반도메밀순례단과 함께하신 분들 *가나다순

고문
박철호 강원대학교 명예교수, 8대 세계메밀학회 회장 역임
우선희 충북대 식물자원학과 교수, 13대 세계메밀학회 회장 역임

메밀순례단
강규혁 매일노동뉴스 대표
강도연 노무법인 청춘 대표
강상희 이매진씨앤이 대표
강승규 백만노동 대표
강욱천 민예총 사무총장
강익구 전 노인인력개발원 원장
경기연 아트디렉터
김경수 한국노총 타워크레인조종사노조 위원장
김근열 인제군 농민회원
김기만 전 서울시의원
김기준 전 국회의원
김대경 민병덕의원실 보좌관
김동만 전 한국노총 위원장
김명곤 바른선거시민모임중앙회 회장
김문호 전 전국금융산업노조위원장
김민정 광주전남시민연대 상임대표
김병중 실업탁구연맹 부회장

김봉신 메타보이스 부대표
김상남 전 노동부 차관
김성환 L-ESG평가연구원 부원장
김승태 캠코 노조위원장
김일주 드링크인터내셔널 회장
김준규 국민건강푸드플랜 상임대표, 목사
김준묵 미래엠앤비 대표
김준영 금속연맹위원장
김천순 전 한국산업은행노조 수석부위원장
김태문 전 외환은행 지점장
김태일 전 민주노총 사무총장
김학태 매일노동뉴스 편집국장
김형욱 법무법인 태평양 경제고문
김화영 미더베스트 대표
나철성 강원평화경제연구소 소장
노항래 전 한국도로공사서비스 사장
문명철 LG에너지솔루션 책임
문순옥 어린이청소년책문화연대 활동가
박래군 인권재단 상임이사
박미경 전태일재단 기획실장
박용순 광주전남시민연대 공동운영위원장
박응천 동해시 태도치과 원장
박일서 전 광주창조경제혁신센터장
박종국 전 경기도 노동정책전문관

박철규 한국미술협회 상임이사
방기관 오마이뉴스 부사장
배기성 민주주의시민연대포럼 운영본부장
백해룡 철도고 교장
봉혜경 디지털노동문화복지센터 상임이사
봉혜영 전 민주노총 부위원장
부성현 전 매일노동뉴스 대표
송경용 성공회 신부
송미경 (재)피플 상임이사
송영은 광주전남시민연대 공동운영위원장
송영중 전 경제사회노동위원회 상임위원
신상훈 전 신한은행 은행장
심일선 ㈜영풍 고문
안봉진 변호사
여석주 전 국방부 국방정책실장
염동연 전 국회의원
오희택 경실련 시민안전위원회 위원장
우찬규 학고재 회장
윤길로 강원도의원
윤상규 강원평화경제연구소 이사
윤성근 삼흥이엔티 상무
윤성현 전 금융노조 정치위원장
윤효원 전태일재단 전략기획자문위원
이경준 전 KT커머스 대표이사

이범헌 전 한국예총 회장
이상연 전 KAC공항서비스 대표이사
이성훈 팍스 크리스티 코리아 공동대표
이수진 전 한국예총 대외협력위원장
이수호 전 민주노총 위원장
이수홍 선배시민협회 부회장
이영규 아이미소유아교육연구소 부장
이유정 광주전남시민연대 운영위원
이이재 다산콜센터 이사장
이재명 법률사무소 서울공감 변호사
이창배 (사)따뜻한한반도사랑의연탄나눔운동 인천지부장
이한복 전 경기도교육청 정책기획관
이헌섭 (사)아름다운 서당 교수
이형철 전 사무금융노조 부위원장
이혜수 공인노무사
이호동 디지털노동문화복지센터 이사장
이화진 카페 마포역나무 대표
임미령 수도권생태유아공동체생활협동조합 이사장
임세준 L-ESG평가연구원 기획국장
임장호 (주)아이캡코리아 대표이사
임재택 부산대 명예교수
임진택 미소담은한의원 원장
장교순 인제군 농민회원
장용기 철원군 농민회원

장용성　미래에셋박현주재단 이사장
전명훈　서울시교육청 노동전문관
전순옥　전태일기념관 관장
전영근　삼성전자 DX부문 미래기술사무국
전재명　평화활동가
전제완　민주주의시민연대포럼 운영본부장
정경모　민주주의시민연대포럼 서울본부장
정덕봉　전 금융노조 부위원장
정미화　광주전남시민연대 운영위원
정병기　전 매일노동뉴스 기자
정성홍　광주전남시민연대 상임대표
정오석　서울경제인연합회 상임부회장
정용실　전 은행연합회 노조위원장
정유석　(재)피플 회장
정한용　전 국회의원, 배우
정혜선　한국보건안전총연합회 회장
정혜연　서대문구약사회 약사
정훈민　JK-Vision 이사
조계연　인제군 농민회원
조돈문　한국비정규노동센터 공동대표
조승문　화성특례시 제2부시장
조윤승　전 산업은행 노조위원장
조희연　전 서울시교육감
지운식　서화 패밀리마트 사장

천영세 전 민주노동당 대표
천해성 전 통일부 차관
최돈우 인제군 농민회장
최동주 민주노총 건설산업노조 정치위원장
최석우 국회의원 보좌관
최선애 법무법인 대륙아주 변호사
최수일 지속가능월드네트워크 이사장
최순영 전 국회의원
최은경 국공립 창3동어린이집 원장
최정용 경기신문 기자
한계희 매일노동뉴스 편집인
한상일 전 국민생활체육신문 발행인, 서예가
한유진 전 청와대 국정상황실 행정관
한형민 위더피플법률사무소 고문
한호연 노동존중사회위원회 부위원장
허 권 서울시교육청 노동인권자문위원회 위원장
허민호 전국유/청소년생존수영협회 상임이사
허성영 전국생존수영지도자협회 이사장
허정용 시인
홍기상 원주시의원
홍순관 전 건설노조 위원장
황종열 K-뷰티전문가연합회 회장

한반도메밀순례단은 전국의 메밀 맛집을 순례하면서 품평회를 갖고 있습니다. 순례단 사이에 평가하는 기준도 세워두고 있습니다. 크게는 여섯 가지로 나눌 수 있습니다.

첫 번째는 면입니다. 메밀 함량에 따른 면의 다양한 느낌을 중시합니다. 면에서 느껴지는 맛이 한 가지 이상이어야 순례단으로부터 좋은 점수를 받습니다.

두 번째는 국물입니다. 짠맛과 감칠맛의 조화와 동치미 유무, 육수에 사용한 고기, 뒷맛으로 남는 MSG, 온도 등을 평가합니다.

세 번째는 고명과 꾸미입니다. 달걀 지단 유무와 변색 정도, 편육 상태와 냄새, 배와 초절임 무와 오이의 맛을 보고 면과의 조화를 이루는지 살핍니다.

네 번째는 메밀을 담아내는 그릇을 봅니다. 스텐, 유기, 사기 그릇으로도 나누기도 하지만 음식과의 전체적인 조화를 봅니다.

다섯 번째는 기본으로 나온 반찬이 메밀 음식과 조화를 이루는가를 중시합니다.

마지막으로는 손님 맞이와 위생 상태를 확인합니다. 개별포장 수저인지, 정평이 나 있는 갓김치나 열무김치 등 추가 주문이 원활한지를 확인합니다. 물론 휠체어 접근 여부까지도 세세히 평가합니다.

그런 후에 총평을 합니다. 각 순례지마다 각기 피땀 어린 분투와 노력의 기나긴 세월을 담고 있습니다. 그런 만큼 존중하고 배려하는 태도

로 좋은 점은 폭넓게 관찰하여 말하고, 다소 아쉬운 점도 애정을 가지고 알려드립니다.

참고로, 사진은 2023년 6월 10일, 춘천막국수체험박물관을 둘러 보고 순례단의 고문으로 계신 박철호 강원대 명예교수(한국메밀연구소장), 우선희 충북대 농생명환경대학 교수(메밀 1호 박사)를 모시고 2시간 동안 메밀 관련 토론 모임을 가진 장면입니다. 두 분은 세계메밀학회장을 역임하셨습니다. 춘천 모임 후 횡성으로 이동해 '장가네막국수'를 먹고 다시 봉평으로 옮겨서 '미가연'에서 메밀 순례 일정을 마무리하였습니다.

---- epilogue ----
에필로그

무엇을 먹고 마시고 듣고 보다가 생을 마감할 것인가가 늘 궁금했습니다. 삶을 평화롭고 즐겁게 살아가기 위해 '풍류'를 삶 속에 녹이는 안내자를 만나면 기뻤습니다. '풍류'와 함께 행복하고 즐겁게 살아 있음을 느끼는 시간과 공간은 늘 소중했습니다.

앞만 보고 내달리는 일상은 잠시 멈춰 서는 일조차 어렵게 하곤 합니다. 속도만이 살 길이라고 어디로 가는지도 모른 채 내닫기만 하게 합니다. 뜬금없이 풍류라니 황당하기 그지없었습니다.

풍류란 무엇인가요. 풍류란 맛 속에서 멋을, 멋 속에서 맛을 찾아내는 놀이 같은 것이 아닐까 합니다. 맛이 파격을 앞세우면서도 균형을 잡고 조화를 이룰 때 다다르는 아름다움의 세계가 멋이라는 걸 경험으로 깨닫는 행위가 아닐까 합니다.

풍류란 서로에게 등대가 되어 잘 먹고 잘 마시며 잘 듣고 잘 보는 인간으로 살다 가도록 맛의 세계로 서로를 이끌어주는 연대의 손길이 아닐까 합니다. 그리하여 맛의 다양하고 섬세한 구체 세계를 온몸으로 겪고 기쁨, 행복, 평화라는 멋의 세계에 도달하는 행위입니다.

풍류는 품격으로 연결됩니다. 좋은 음식을 알아보고 나누는 것도 풍류요, 품격이라 생각합니다. '당신이 먹은 음식이 곧 당신이다' You are what you eat 라는 말은 별만큼 다양한 각자의 취향을 존중하며 좋은 음식을 서로 권하는 일이 갖는 의미를 잘 표현하고 있습니다.

세상에 좋은 음식이 수없이 많지만 그중에서도 메밀이 좋아서 찾아 나섰던 경험을 한데 모았습니다. 메밀을 알아보고 나누는 분은 이미 서로가 서로에게 따뜻한 위로를 건네는 삶의 안내자입니다. 이왕에 만난 길, 서로 손 잡고 메밀의 세계로 넓고 멀리 나아가기를 희망합니다. 그 길 끝에는 우리 모두를 반기며 안아줄 평화의 세계가 있으리라 굳게 믿습니다.

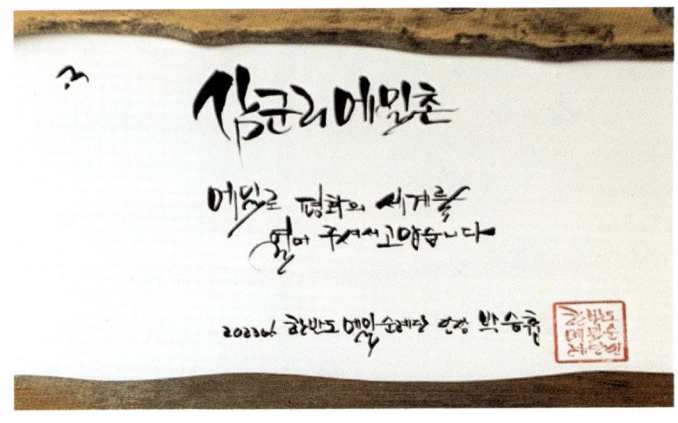

|| 메밀 연구자는 말한다-1 ||

메밀은
복음福音과도 같다

박철호
한국메밀연구소장, 강원대 명예교수, 전 세계메밀학회장

메밀은 '바이오 활성 소재의 강자强者'

농학도에서 농학자로 성장하면서 연구 소재로 메밀을 택한 것은 개인적으로 적지 않은 행운이 아닐 수 없다. 모든 재배작물은 인류의 필요에 부응하는 유용성 때문에 오랜 재배 역사를 갖는다. 메밀 또한 그렇다. 한반도에서 메밀이 재배, 이용된 것은 고려시대임이 정설고려 고종시대(1236~1251)의《향약구급방》이 최초 기록이나 고구려 주몽도 메밀을 이용했다는 기록이 전해지고 있다. 하지만 아쉽게도 근거가 되는 기록《고구려사초 高句麗史抄》남당 박창화 유고가 필사본이라 정사로 인정받지 못하고 있다.

아무튼 메밀의 유구한 재배 역사에도 불구하고 내가 작물로서 메밀을 처음 접한 것은 1974년 농대에 진학하고부터이다. 메밀국수막국수도 대학생 때 학교 연습림홍천군 북방면 성동으로 MT를 가서 전깃불도 들어오지 않은 농가 식당에서 처음 먹었다. 그때만 해도 순메밀로 만든 국수는 젓가락질이 잘 안 되고 금세 불어서 별맛도 모르고 한끼 때우는 수준이었다.

ROTC 전역 후 대학원에 복학해 막국수를 좋아하시는 교수님 덕분에 실험을 마치고 교수님이 사주시는 막국수를 자주 먹으면서 막국수의 맛을 알게 되었고, 연구 소재로서 메밀에 대한 관심도 점차 높아졌다. 강원도 태생으로서 강원도 작물인 메밀을 연구하는 것에 남다른 소명의식도 갖게 됐다.

그래서 일본에서 메밀을 연구하는 저명한 교수와의 사적 교신을 통해 일본 대학에서 추천하는 문부성 장학생으로 유학할 수 있는 길이 열렸다. 그러나 1985년 캐나다 앨버타 주정부 장학생으로도 선발되어 일본 유학을 포기하는 바람에 일본에서의 메밀 연구는 이루어지지 않았다.

앨버타대학에서 다른 작물로 박사학위를 받고 모교에 돌아와 그때부터 미루었던 메밀연구를 하게 되었고, 3년마다 열리는 세계메밀학회도 6회 1995년부터 참석하게 되었다. 2001년 8회 대회를 한국 춘천에 유치해 그해 세계메밀학회장에 선임되기도 했다. 메밀 연구와 동시에 세계메밀학회를 중심으로 메밀 관련 학술활동을 하면서 메밀에 대한 이해를 깊고 폭넓게 하게 되었고, 작물 및 식품으로서의 메밀의 우수성에 한층 더 매료되었다.

퇴직 후 메밀 홍보 수단으로 세계 초유의 메밀 전문 유튜브 박철호메밀TV를 매주 한 편씩 제작해 업로드하면서 현재까지 240회 메밀에 대한 공부를 계속 하다 보니 미처 몰랐던 새로운 메밀

정보도 속속 알게 되었다. 구독자와 조회수는 적지만 아카이브기록보관소의 의미로 계속하는 유튜브 작업 과정에서 문헌을 토대로 살펴본 메밀의 효능은 다양하다. 크게는 혈압강하, 혈당강하, 항비만, 항암, 항염, 항산화, 항노화, 항바이러스, 간보호효과, 치매예방, 셀리악병예방, 담석증 예방, 근감소 예방, 콜레스테롤 저하, 신장기능 개선, 부종 억제, 미백효과, 항히스타민과 같은 과민증에 대한 보호 등 18가지임을 알 수 있다. 이용 부위도 종자, 꽃, 잎, 싹, 줄기, 종피 등 다양하다.

한마디로 메밀은 바이오시대를 견인할 바이오 활성 소재의 강자強者로서 조금도 손색이 없는 것이다. 반면에 메밀 연구개발에 대한 관심과 정책 및 투자는 매우 미흡하지만 그만큼 메밀을 이용한 신물질 및 신상품 개발의 여지는 무한하다고 할 수 있다.

메밀은 '문화를 낳는 생명체'

메밀은 식문화뿐만 아니라 문학, 민속, 경관 등 메밀을 이용하는 민족 고유의 문화를 생성하는 '문화생명체'이기도 하다. 메밀이 지닌 인문학적 가치를 끊임없이 발굴하고 창조해 쌓아온 '문화자산'은 다른 곡물문화의 추종을 불허한다.

일찍이 '메밀문화'에 천착해 널리 알리고자 '한국메밀연구회'를 조직해 1996년 11월 29일 〈메밀〉이란 제목으로 반년간 잡지를 발간했었다. 작물명을 잡지명으로 하는 초유의 메밀전문 잡지 창간호를 1997년 6월에 내고 11호 2004년 4월까지 발행했다. 과학, 문화, 산업 등 메밀에 관한 전 분야를 망라하고 문학 장르로도 시, 수필, 소설 등 메밀을 소재로 하는 다양한 작품을 실었다. 메밀에 대한 전문지식은 물론 개인적 경험을 토대로 한 많은 필자들의 원고는 잡지의 성격을 전문지에서 교양지로까지 넓혀 주었다.

민속학자인 세명대 이창식 교수는 11호로 단명短命한 〈메밀〉을 매우 애석해했다. 지금까지 계속 발행해 왔다면 우리나라 메밀문화를 집대성하는 대단한 문화자산이 되었을 것이라는 점 때문이었다. 창간호부터 11호까지 국립중앙도서관에 소장되어 있기는 하나 후속 발행물을 문의하는 담당 사서에게 발행 중단을 알릴 수밖에 없었던 일을 생각하면 지금도 마음이 아리다. 비록 오래 지속하지는 못했어도 '메밀'을 타이틀로 하는 잡지 발행은 귀중한 경험이었고 짧았으나 맛깔나는 행운이었다.

그 후 20여 년이 지나 박승흡 회장이 '한반도메밀순례단'을 결성해 전국의 메밀맛집을 순례하며 메밀식문화를 집대성하는 노력이 이어져 그 성과에 대한 기대를 품게 되어 매우 기쁘고 다행한 일이 아닐 수 없다. 그것은 메밀 잡지를 지속하지 못하고 접어야만 했던 개인적 미망彌望에도 큰 위안이 되었다.

화전火田을 포함해 농·산촌, 도시 어느 곳에서나 때로는 구황작물로, 때로는 건강식 또는 민간의약으로 메밀을 이용하면서 인간은 메밀과 깊은 인연을 맺게 되었다. 그것은 민중에게 삶의 한 원형이 되기도 했다. 메밀국수는 예나 지금이나 장수長壽와 만복晩福의 상징으로서, 메밀묵과 메밀전 등은 경조사 접대 음식으로 빼놓을 수 없는 메뉴다.

그런 풍습은 많은 민요로도 잘 드러났고 도리깨질, 맷돌, 방아 등 토속적인 유형의 민속유산을 낳기도 했다. 타작해 알곡을 모으고, 가루 내어 국수를 뽑으며 묵을 쑤고 전을 부쳐 먹는 과정에서 인간의 내면에 형성된 무형의 정신적 자양분은 가족을 넘어 이웃에 대한 '생명존중과 애민사상'의 뿌리가 되었다.

메밀은 한쪽 면만 땅에 닿아도 싹이 터 자라는 용이한 발아습성과 파종부터 수확까지 두 달도 채 안 되는 짧은 생육기간이 재배상의 큰 이점이다. 그것은 메밀이 흉년과 가뭄에 구황救荒과 대파代播의 최적 작물이었던 주요한 이유이기도 하다. 또한 그것은 재배기간이 더 길고 몇 단계 더 중간 관리를 요하는 타 작물에 비해 토지이용, 작부체계, 경관조성 등 다방면에 걸쳐 적지 않은 농경문화적 함의含意도 갖는다.

현대 과학기술의 진보로 오늘날에는 메밀이 갖는 의약적 가치와 효용도 더욱 폭넓게 확인되고 있어 문화적 지평도 단순한 식문화에서 건강문화와 생태관광으로까지 점차 확대되고 있는 실정이다. 특히 심미적 요소가 풍부한 메밀꽃의 관상 가치와 사진, 그림과 같은 예술작품과 다양한 문학작품으로의 승화, 그리고 전국 여러 지역에서의 메밀꽃밭 조성을 통한 메밀꽃축제 개최는 타 곡물에 견줄 수 없을 만큼 메밀이 갖는 고유한 '문화생명체'라고 할 수 있다.

봉평에서 열리는 메밀꽃축제인 효석문화제는 20년 넘게 유지되고 있으며, 문화관광부가 지정하는 우수축제로 발전하였다. 또한 필자의 메밀유튜브메밀TV의 세 번째 코너인 〈메밀문학〉에 지금까지 메밀을 소재로 한 시와 가사가 200여 편 넘게 소개되었다. 이러한 예만 보더라도 메밀의 문화적 스펙트럼이 얼마나 넓은지 충분히 알 수 있다.

이와 함께 박승홉 회장님의 '메밀 순례기'는 메밀음식에 대한 피상적인 체험을 넘어 음식 맛과 숨겨진 정서의 깊이 있는 음미와 통찰을 통해 한국인의 DNA에 메밀이 어떻게 각인되어 있는지를 인식하게 한다. 이 또한 '메밀'이기에 가능한 작업이므로 이 점에서도 메밀이 갖는 타 곡물과의 차별성이 잘 드러난다고 할 수 있다. 특히 메밀의 생물학적 기능과 인문학적 가치의 향유를 가능하게 한다는 점에서 '한국 메밀'에 매우 뜻깊은 서사瑞事가 아닐 수 없으며, 메밀계의 행운이라 할 수 있을 것이다.

메밀은 향토산업의 보루堡壘

메밀은 지역성과 토속성이 강한 작물이다. 민족과 국가 및 지역에 따라 그 지역 주민들의 정체성과 풍습이 반영된 문화적 토대 위에서 재배, 이용되어 왔다. 따라서 메밀의 용례는 어느 나라를 막론하고 그 나라 혹은 그 민족의 소중한 민속의 일부로 자리잡기도 했다. 우리나라도 예외는 아니며 근래에도 지역별로 지역 실정에 맞게 메밀의 토착화 및 산업화가 이루어

박철호 명예교수가 육종 중인 홍메밀

지고 있다. 최근에는 제주도가 가장 활발하게 메밀 산업화를 추진하고 있다. 그러나 국내 재배기반의 붕괴로 인해 여전히 많은 물량을 수입에 의존하고 있는 실정이다.

메밀 연구를 하면서 지역의 메밀업계와 공조해 향토산업으로서의 메밀 개발에 힘쓰고자 하였으나 뜻대로 잘 되지 않았다. 메밀에 대한 올바른 인식과 열정적 의지가 부족한 탓이 크다. 메밀을 알고 접하게 된 것은 큰 행운이었으나 이렇다 할 성과를 내지 못해 부채감만 늘었다.

현재 개인적으로는 마지막 과업으로 생각하고 붉은 메밀꽃, 즉 우리 품종인 홍메밀 육성에 힘겹게 나서고 있으나 성과를 낼 수 있을지는 아직 미지수다.

하얀메밀꽃이든 붉은메밀꽃이든 과학적으로나 문화적으로 도전할 만한 과제는 많은데 연구 여건이 미흡한 것은 여전하다. 뒤를 잇는 차세대 연구진도 드문데 그나마 연구역량도 조직화되지 않아 메밀 연구개발R&D의 장래가 불투명하다. 정부 주도하에 권역별로 메밀재배단지가 조성되고 생산과 연구개발이 지속적으로 병행되는 인프라가 구축되기를 바란다. 필자와 같이 메밀 연구를 제대로 하지 못해 '빚지는 마음'을 갖는 후진들이 다만 몇이라도 나서서 함께 뜻을 모으고 필요한 인프라를 구축하고 이끌어나가는 계기가 마련되기를 바란다. 그리하여 메밀을 'minor crop'으로 생각하는 인식의 한계를 극복하고 메밀이 건강기능적으로나 경제적으로, 또 식문화적으로 '황금작물'golden crop이 되었으면 하는 염원을 품어본다. 끝으로, 앞서 논한 세 가지 관점에서의 메밀의 강점을 요약하면 다음과 같은 '3S'로 정리할 수 있을 것이다. 즉 생물활성 소재로서의 우수성Superior biomaterial, 문화자산으로서의 지속성Sustainable culture asset, 향토산업을 지지하는 보루Supportive local industrial bastion 등이다. 한마디로 메밀은 인류에게 무한히 헌신하는 참으로 귀한 보배인 것이다.

개인적으로는 노년에도 연구, 홍보, 식음食飮 등의 방식으로 메밀과 벗함으로써 메밀은 물질적 시혜와 더불어 정신적 위안을 주는 복음福音과도 같다는 생각이다. 세계뇌건강협회에서 강조하는 super aging超老化의 5대 비결 중에 '명확한 삶의 목표 설정'이 있다. 필자에겐 '메밀'이 명확한 삶의 목표가 되고 있고 건강한 노년을 이끌어주므로 더욱 그런 생각을 하게 된다. 그래서 메밀에 대한 고마움에 매일 아침 '메밀을 위한 기도'로 화답하고 있다.

"……주님께서 창조하신 메밀을 주님의 뜻대로 인류에게 귀하게 쓰이는 데 저의 소임을 다할 수 있게 이끌어주시고 보살펴 주소서. 이 기도를 우리 주 그리스도를 통하여 비나이다. 아멘!"

메밀 연구자는 말한다-2

쓴메밀의 특징과 효능

우선희
충북대학교 교수

메밀은 왜 유용한 자원인가?

과학기술의 발전으로 우리의 삶은 편리해졌지만, 정신적으로 현대병을 앓는 사람들 또한 증가하고 있다. 급변하는 시대, 예측할 수 없는 미래에 대한 불안은 예나 지금이나 먹고사는 문제다. 먹고사는 문제란 우리 삶의 전반적인 문제가 내포되어 있다. 양보다는 질을 중요시하는 웰빙 및 힐링 시대, 일과 휴식을 적절히 추구하는 워라밸 시대에 있어 비만과 당뇨병은 현대인의 건강을 위협하는 적이다.

경제 발전과 정보화 시대에 노출된 사회 현상은 인간을 기계화시키는 요소로 작용할 뿐만 아니라 사회 현상에 따라 건강과 외모에 관심을 갖게 되면서 다양한 건강기능식품과 뷰티 사업이 경제활동에 큰 역할을 한다. 우리가 관심을 보이는 건강 기능성 식품도 유행처럼 잠시 번성하다가 어느 날 갑자기 사라지고 다시 나타나는 기이한 현상을 보인다. 건강기능식품 중 유일하게 우리 곁에서 꾸준히 사랑받는 식품은 메밀이다. 메밀은 어느 것 하나도 버릴 게 없는 효자 식품이다.

현대 과학기술로 숨겨진 효능이 밝혀지고 있는 메밀은 식품에서 의약품, 화장품에 이르기까지 귀중한 생명의 건강자원으로서 가치가 새롭게 인식되고 있다. 건강한 삶의 동반자로서 메밀이 갖는 보건적·경제적 가치와 삶의 질을 높이는 문화적 의의는 매우 높다. 싹과 열매는 식품으로, 꽃은 관상용으로, 뿌리는 오염된 수질을 정화시킨다.

메밀이 동서양을 막론하고 효자 작물로 부상하면서 메밀에 관한 연구 또한 새롭게 조명되고 있다. 특히 중국은 경제적 발전과 더불어 비만 인구의 증가에 따른 대책으로 메밀을 주요 작물로 선정하고 어마어마한 액수를 투자하고 있다. 한때 서민의 허기를 때웠던 메밀국수가 건강식품으로 주목받는 데는 그만한 이유가 있다.

메밀의 효능

메밀은 오행 식물푸른 잎, 붉은 줄기, 흰 꽃, 검은 열매, 노란 뿌리이다. 오색五色을 갖춘 식물로, 환경호르몬으로 시달리는 현대인에게 암, 고혈압, 고지혈증, 비만, 당뇨, 동맥경화, 신장질환, 췌장 기능 이상 등을 예방해주는 영양소를 함유하고 있고 면역력을 강화시켜 준다.

그래서 메밀은 피부미용을 비롯하여 비만 및 당뇨병 예방, 고지혈증 예방, 고혈압 예방, 항암효과, 췌장 기능 활성화, 신장 질환 개선, 항노화 효과, 요산배출 효과, 면역력 강화 등 인체에 유익할 뿐만 아니라 어느 것 하나 버릴 게 없는 효자 식물이다. 스트레스와 암, 당뇨병, 신장질환 등 현대인이 앓고 있는 현대병을 건강식품으로 부상하고 있는 메밀로 예방해 보는 것이 어떨까 한다.

메밀의 푸른 잎은 엽록소의 보고이다. 푸른 잎은 우리 눈과 인체에 좋은 영향을 준다. 그래서 독초를 빼고는 푸른 잎을 갖는 식물은 모두 보약이라고 말한다. 식물체에서 엽록소의 기본적인 역할은 광합성 작용이다. 식물은 광 에너지를 화학에너지로 변화시킬 수 있는 엽록소를 가지고 있다. 광합성에 의한 탄수화물의 생산 외에도 식물의 각종 대사산물이 인간의 생존에 긴요한 식량과 약이 되어 주기 때문이다.

메밀 줄기의 붉은 색은 대부분 안토시아닌anthocyanin이라는 색소이다. 안토시아닌은 적색, 청색, 자색, 흑청색을 나타내는 꽃, 잎, 줄기, 과실, 뿌리순무 등에 나타나는 색소이다. 메밀 줄기의 안토시아닌 색소는 항암효과가 있다. 또한 메밀의 줄기 추출물은 식물의 발아를 억제하는 타감작용allelopathy·상호대립 억제작용, 대사물질의 분비에 의한 식물 상호 간 또는 식물과 토양미생물 간의 생화학적 억제 작용을 한다. 줄기 추출물은 천연제초제로 사용할 수도 있다.

하얀 메밀꽃은 루틴과 같은 약리작용을 갖는 물질을 제공하는 것 외에 관상적으로도 사람에게 정서적 안정감과 심미적 욕구를 충족시키는 데 기여한다. 메밀의 검은 열매씨앗는 그 옛날 굶주린 배를 채워주는 생명줄과 같았다. 메밀의 노란 뿌리는 강인한 흡비력이 있어 토양개량과 지력 회복에 도움을 준다고 해서 풋거름작물이라고 한다.

이렇듯 메밀은 관상용으로서 정서적 안정과 심미적 효과를 주는가 하면 항암효과, 성인병 예방, 지력 회복, 건강식품, 등 구황식물로서 우리에게 효자 노릇을 톡톡히 하고 있다. 과학 기술의 발달로 생태계의 변화가 초래되고 있는 현실 앞에 환경호르몬을 생각한다면 빈터마다 메밀을 심어볼 일이다. 관상용으로, 건강식품으로, 관광 사업으로 지역경제 활성화를 위해서라도 생각해 볼 문제다.

지역마다 메밀꽃이 피어 정서적 안정과 가난한 사람들에게 풍요로움을, 건강한 사람들이 사는 세상을 꿈꾼다.

쓴메밀Tartary buckwheat이란?

쓴메밀은 일명 '흑메밀' 또는 '타타리메밀'이라고도 하며, 중국 윈난雲南, 쓰촨四川의 산악지대가 발원지다. 폴리페놀의 일종인 '루틴'이 풍부하게 함유되어 있다는 것이 알려져 최근에 큰 주목을 받고 있다. 쓴메밀은 몽골의 한 부족인 '타타르'에서 유래되었다. 우리나라에서는 쓴메밀이라고 부르는데, 중국에서는 달단韃靼이라는 말을 좋아하지 않아 맛이 쓰다고 해서 '메밀 쿠차오'라고 부르고 있다. 메밀 속에는 식물학적으로 18~20개의 종이 존재하는 것으로 알려져 있다. 그중에 인간이 재배해 온 메밀로는 2가지가 알려져 있으며 그 외 18종은 야생종이다.

아시아에서 먹는 메밀은 크게 두 종류가 있다. 하나는 냉면이나 막국수용으로 먹고 있는 일반 메밀이고 다른 하나는 주로 차용으로 사용하고 있는 쓴메밀이다.

일반 메밀의 열매는 검은색 삼각뿔 모양을 하고 있는데, 기본적으로 어느 종이나 모양이 비슷하다. 한편, 쓴메밀의 열매는 둥그스름한 형태부터 작은 뿔을 많이 내밀고 있는 모양까지 여러 가지다. 색상도 갈색, 회색 및 검은색으로 다양하다. 일반 메밀꽃은 흰색이지만 쓴메밀꽃은 작고 연한 연두색 부분이 있다. 그리고 생육 환경에 따라 큰 차이가 있다. 일반 메밀도 다른 작물에 비해 추위에 강해 한랭작물이라고 불린다. 그런데 쓴메밀은 내한성이 더욱 높고, 3,500m가 넘는 고랭지에서도 쭉쭉 성장한다. 쓴메밀은 백두산보다 높은 곳에서도 생육할 수 있는 것이다.

쓴메밀과 일반 메밀의 큰 차이는 루틴의 함량에 있으며 쓴메밀의 루틴 함량은 일반 메밀의 약 100배라고 알려져 있다. 또한 쓴메밀은 해발고도 2,000~3,500m 이상에서도 재배할 수 있으며 항산화 물질인 루틴을 체내에 생성하여 해발고도가 높아짐에 따라 강해지는 자외선으로부터 몸을 보호하고 있어서 벼나 밀 등이 서식할 수 없는 가혹한 환경에서도 자란다고 알려져 있다. 그러므로 쓴메밀이 고지에서 생육할 수 있는 이유로 세포 내에 대량의 루틴을 제조하기 때문이 아닐까 생각되고 있다. 루틴은 비타민 P라고 불리며 폴리페놀의 일종으로 항산화 물질이다.

또한 식품 성분으로는 루틴을 분해하는 효소가 포함되어 있다. 분해된 루틴은 케르세틴이라는 성분으로 바뀌게 된다. 케르세틴도 폴리페놀의 일종으로 루틴과 같은 건강효과를 가져올 수

일반 메밀꽃은 흰색이지만 쓴메밀은 작고 연한 연두색 부분이 있고, 색상도 갈색이나 검은색으로 다양하다.

있다. 쓴메밀은 루틴이 많이 포함되어 있기 때문에 다른 메밀보다 노란빛을 띠며 은은한 쓴맛이 느껴지는 것이 특징이다.

쓴메밀의 영양과 기능성

영양성분

쓴메밀에 대한 영양성분 분석값은 예시 수가 적고, 또한 고정 식품 성분표에도 나와 있지 않다. 그러나 지금까지의 보고 사례로 보면 큰 차이는 없다. 메밀의 영양가는 쌀, 밀, 옥수수 등 벼과의 곡류에 비해 대체로 높은 편이다. 요점을 말하면 다음과 같다.

① 메밀가루의 단백질 함량은 현미보다 높고 필수 아미노산 중 하나인 리신이 특히 많은 것이 특징이다. 리신은 고혈압이나 뇌졸중 발병의 예방효과가 있는 것으로 알려져 있다.
② 칼륨, 마그네슘, 인 등 미네랄 함량이 특히 높다.
③ 비타민 B군이 풍부하게 포함되어 있다. 비타민C는 다른 곡류와 마찬가지로 포함되어 있지 않다.

④ 식이섬유 함량이 높다. 식이섬유에는 혈중 콜레스테롤의 상승 억제 작용이 인정되고 있어 생활 습관병의 예방 인자 중 하나로도 중요하다.

기능성

쓴메밀의 기능성 중 주된 것으로는 혈압강하 작용, 혈당치 상승 억제 작용, 항산화 작용의 3가지를 들 수 있다.

① 혈압강하 작용: 메밀은 예로부터 고혈압을 예방해준다고 알려져 있으며 그것은 루틴 덕분이다. 또한 메밀은 혈압을 낮추는 효과가 있는 칼륨이 많아서 칼륨과의 상승효과도 기대할 수 있을 것 같다.

② 혈당치 상승 억제 작용: 당질원의 식품이라도 종류와 품종 등의 차이에 따라 혈당치 상승에 미치는 영향이 다르다는 것을 알게 되었다. 백미와 쓴메밀을 비교하면 쓴메밀에서는 식후의 혈당치가 낮게 오르는 경향이 인정받고 있다.

③ 항산화 작용: 루틴을 비롯한 폴리페놀류에서 가장 기대되는 것은 다양한 질환 당뇨병, 심근경색, 암 등과 노화의 원인이 되는 활성산소를 제거하는 작용이 있다는 것이다. 쓴메밀의 루틴

과 케르세틴은 강력한 항산화 작용을 한다.

또한 쓴메밀의 기능성에 대해서는 여기에 제시한 것 외에도 다양한 정보가 있으며 쓴메밀에는 아토피 피부염의 증상 개선 효과와 뇌신경세포를 보호하는 작용도 있어 노인성 치매의 예방 가능성도 시사되고 있다.

향후 이러한 연구가 한층 더 진전되기를 기대한다.

루틴Rutin과 케르세틴Quercetin

쓴메밀의 기능성에 깊이 관여하고 있는 물질로 루틴과 케르세틴을 들 수 있다. 루틴은 플라보놀 케르세틴과 이당류 루티노스α-L-람노피라노실-(1→6)-β-D-글루코피라노스를 결합한 글리코사이드이다. 감귤류를 포함한 다양한 식물에서 발견되는 플라보노이드 배당체이다. 콩과의 회화나무 꽃봉오리 및 마디과 메밀에서도 분리되어 천연에 널리 분포하고 있다. 곡류에서는 메밀과 쓴메밀에만 포함되어 있으며 쓴메밀의 노란색은 R루틴에서 유래한다.

루틴은 모세혈관의 혈관 벽을 강하고 유연하게 만드는 작용을 하는 화합물로 뇌일혈 등 출혈성 질병의 발병률을 낮추고 순환기계 질병 예방에 효과가 있는 것으로 알려져 있다. 종자

내 루틴 함량에 관해서 쓴메밀과 일반메밀을 같은 조건에서 재배하여 비교한 문헌을 고찰하면 모두 쓴메밀의 값이 일반메밀의 수십 배 또는 백배 정도의 수치를 나타내고 있다.
쓴메밀에도 일반 메밀에도 루틴을 분해하는 효소루티나제가 있고, 루티나제가 작용하면 루틴이 분해되어 쓴맛의 원인이라고 생각되는 케르세틴이 된다. 그러나 케르세틴에는 항산화 작용 외에 당분의 소화 흡수를 저해하고 혈당치의 상승을 억제하는 작용이 있다는 것이 인정되므로 케르세틴의 생성을 촉진하는 것도 중요하다.

쓴메밀차의 효과

쓴메밀차의 효과로 중국의 의학학회에서 임상실험 결과 쓴메밀이 당뇨병, 고혈압증, 고콜레스테롤, 위장병 등의 예방이나 치료에 유효한 것이 보고되고 있다
또 중국 연구자의 실험에서 고령자 중에 고지혈증 환자 60명에게 매일 아침과 저녁으로 40g의 쓴메밀을 8주간 섭식해서 혈중 지질·혈압 및 체중을 측정한 결과 고 트리글리세라이드

및 고콜레스테롤 수치의 환자 40명이 평균치로 떨어졌다는 보고도 있다. 저밀도 리보단백LDL이 평균치까지 떨어졌고, 고밀도 리포단백HDL이 평균치로 상승했다는 보고가 있다. 그리고 고혈압 환자는 45명이 수축혈압·확장혈압이 평균치로 떨어졌고, 비만 체중 및 과잉 체중 환자 44명이 각각 3.05kg과 2.96kg 감량했다고 한다. 이처럼 쓴메밀차의 효과는 인간이나 동물실험 등에서 유의미한 보고가 있었다. 그리고 쓴메밀차에 포함된 영양성분 중에서 최근 루틴의 기능성이 특히 주목받고 있다.

루틴Rutin은 모세혈관을 강화시킨다.

루틴은 하루 20~30mg 섭취로 손상된 모세혈관을 복구하고 강화하여 전신에 혈액을 골고루 보내 혈압을 정상적으로 유지할 수 있게 하는 효과와 지질대사 개선 효과가 있다고 알려져 있다.

쓴메밀차에 포함된 '루틴'은 고혈압이나 뇌경색 등 생활 습관병 예방에 효과가 있는 것으로 알려져 있다. 무, 감자, 고구마 등에 포함된 비타민 C와 함께 섭취하면 루틴의 작용이 2배 증가한다고 알려져 있다.

루틴은 푸린체와 요산 수치를 억제한다.
쓴메밀차에 포함된 루틴은 요산 수치를 억제하는 '기능성'이 있다고 알려져 있다.

루틴은 혈당 수치를 낮춰준다.
루틴은 췌장 등의 간 기능을 높이고 인슐린 분비를 촉진해 혈당치를 정상적으로 유지해 준다

루틴은 피부미용 효과에 좋다.
루틴은 항산화 작용이 있고 세포 노화를 막기 때문에 기미·주름 예방 등의 피부 미용 효과도 주목받고 있다.

루틴은 폴리페놀의 일종이다.
폴리페놀은 플라보노이드라고 불리는 식물에 포함된 색소 성분인데, 쓴메밀차의 노란색이 루틴의 색이다. 쓴메밀차에 카페인은 포함되어 있지 않다. 그러므로 임산부도 마실 수 있다. 카페인이 맞지 않는 분들도 자기 전에 안심하고 드실 수 있다. 카페인이 없는 음료이므로 카페인이 들어있는 커피와 녹차, 홍차에 비해 이뇨 작용이 낮다.

쓴메밀차는 혈압을 예방한다.

우선 의약품이 아니기 때문에 효능·효과를 내세울 수 없는 건강식품이라는 것이 대전제다. 다만 쓴메밀차에는 루틴이라는 영양성분이 풍부하게 함유되어 있어 루틴의 기능이 모세혈관을 튼튼하게 하고 혈압을 상승시키는 물질의 기능을 약화시켜 혈액을 맑게 해주므로 고혈압이나 동맥경화나 뇌경색 예방에 효과적이다. 혈압을 신경 쓰는 분들 중에서 계속 마시다 보니 혈압이 떨어졌다는 예도 있다.

쓴메밀은 비만·당뇨병에 보약

당뇨병 환자 증가율이 심상찮다. 현재 당뇨병 관리 수준을 살펴보면 당뇨병이 있는 30세 이상 성인 65.8%만이 당뇨병이 있음을 인지하고 있고, 적극적으로 치료받는 환자는 10명 중 6명에 그쳤다. 더욱이 치료 중인 당뇨병 환자의 경우 25%만이 당화혈색소 6.5% 미만이었다. 당뇨병의 관리 수준은 우리의 기대 수준에 미치지 못한다. 혈당조절의 양극화로 고령 인구와 MZ세대 당뇨병이 늘고 있다. 2020년 기준 30세 이상 성인

6명 중 1명이 당뇨병을 앓고 있으며, 1년 사이 2%가 넘는 증가 폭을 보였다. 게다가 당뇨병 전단계인 당화혈색소 5.7~6.4% 구간 인구가 1497만 명에 달해 심각성을 더했다. 젊은 층의 당뇨병 전단계 유병률 역시 증가 추세로, 30대 인구에서만 208만 명에 달한다.

메밀은 감자나 쌀 등 다른 작물의 전분과 비교해 볼 때, 소화가 서서히 진행되므로 당뇨병, 고지혈증 등 탄수화물을 조절한다. 또한, 메밀을 날 메밀, 찐 메밀, 볶은 메밀로 구분하여 동물실험 및 정상인 19명에게 임상시험 한 결과 동물실험에서 당뇨 대조군에 비하여 메밀 식이 섭취 군이 혈당의 저하가 가장 컸다. 다시 말해 정상 성인에게 혈당 반응 조사를 한 결과 메밀의 투여가 혈당 반응이 가장 낮았고 인슐린 반응 또한 가장 낮았으므로 메밀이 당뇨식 및 고지혈증 환자식으로 적합한 것으로 나타났다. 또한, 발아 메밀추출물을 고혈압이 있는 쥐와 사람을 대상으로 4주간 투여하였을 때 동물과 사람에게 다 같이 혈당의 감소가 있었다.

중국의 연구에서도 주민 1천 명을 조사한 결과 메밀을 주식으로 하는 사람들은 혈당치가 1ℓ 당 3.9mmmol로 메밀을 먹지 않는 사람들의 4.56mmmol보다 현저히 낮다고 보고되었다. 또 다른 조사에서 메밀을 먹는 지역의 주민은 고혈당과 당뇨병 발생비율이 각각 1.6%와 1.88%인 것에 비하여 메밀을 먹지 않는 지역의 주민은 각각 7.33%와 3.84%로 높게 나타났다고 보고하였다. 또한, 동물실험에서 쥐들에게 15일 동안 메밀 식품을 먹인 결과 혈당치가 1ℓ당 9.41mmmol에서 7.57mmmol로 감소하였다고 한다.

정상적으로 음식물을 섭취했을 때 약 30분 후면 혈당이 급격히 증가하는데, 쥐가 메밀을 섭취했을 때는 내당능이 개선되었으며, 당뇨병을 앓는 쥐에서는 공복 혈당치와 혈장 중성지방치를 감소시켰다. 특히 쓴메밀 싹 분말을 처리 2시간 전에 섭취하게 되면 무처리 대비 제2형 당뇨 쥐에서 정상의 24% 수준까지 혈당을 감소시켰다. 제1형 당뇨 쥐에서도 제2형 당뇨만큼은 아니지만 약 정상의 75% 수준까지 혈당을 감소시킬 수 있었다. 즉 쓴메밀 싹 분말은 급성 당뇨병을 개선시키는 효과가 아주 좋으며, 혈액 총 당화 헤모글로빈과 총콜레스테롤 수준이 감소하였음을 유럽 약학 잡지에 보고하였다. 제2형 당뇨병의 예방은 운동과 식사조절을 통한 체중조절이 중요함을 시사하는 것이다.

또한 메밀에서 Fagopyritois라는 물질이 발견되었는데, 이 물질은 제2형 당뇨병의 치료에 효과가 있는 것으로 추정되어 물질 정제 등 연구를 진행하고 있다. 메밀의 루틴은 모세혈관과 동맥을 강하고 유연하게 하는 것 이외에도 비타민 C의 산화를 억제하여 혈관 내벽의 손상을 방지한다. 30g의 메밀을 매일 섭취하면 혈압강하효과도 볼 수 있다. 또한, 메밀 단백질의 섭취가 실험동물의 체지방량을 감소시켰다는 연구 결과도 있다. 메밀에서 고 루틴·고 항산화 활성 등의 연구가 이루어져 왔지만, D-chiro-inositol(DCI)에 관한 유전자원의 함량조사 및 품종 육성 연구는 진행되지 않았다. 동물실험에 있어서 혈당 강하 작용이 인정되고, 생활 습관병의 하나로서 심각한 사회 문제가 되는 비만·당뇨병의 치료·예방 효과가 기대되고 있다. 필자는 메밀 당뇨의 유용한 물질인 D-chiro-inositol 함량의 검출 방법을 조사하고 있다.

메밀의 계절

필자의 메밀과의 인연도 35년이 되었다. 그동안 국내외 메밀 유전자원 수집, 세계 최초 자식성 메밀 육성, 자식성 메밀의 국제유전학회에서 초유전자 모델 상정 및 유전자 명명 등록, 메밀의 건강 기능성 식품 연구, 메밀 싹을 이용한 비만·당뇨병 예방을 위한 식의약적 연구, 메밀 잎을 이용한 바이오·헬스 연구, 메밀의 화장품 천연물 연구 등등 왕성한 연구로 세계메밀학회 회장 및 메밀 과학의 국제적인 권위자로 인정받았다. 지금에 와서 생각해 보니 건강에 관심도가 높은 요즘 마이너 작물인 메밀 연구에 집중한 것이 나를 세계적인 연구자로 만든 것 같다.

한중NRF-NSFC 협력 연구, 한일NRF-JSPS 협력 연구 및 한중핵심 공동연구를 수행하면서 메밀이 가지고 있는 잠재적인 기능이 우리 인간에게 얼마나 도움이 되는지에 대하여 중요성을 부각시켰다. 특히 중국농업과학원 유전자은행과의 국제 공동연구는 메밀 연구 결과를 세계적인 수준으로 끌어올렸다. 그 결과 세계 최초로 쓴메밀의 기원을 규명하였으며, 세계 우수 저널에 많은 논문을 게재하는 등 일반 메밀과 쓴메밀 연구 분야에서 탁월한 성과를 거두었다. 그리고 러시아, 중국, 한국, 인도 등 세계 각 지역에서 수집된 메밀 유전자원의 특성, 기원, 분포, 유전적 다양성을 연구하고, 이를 바탕으로 세계의 메밀 유전자원에 대한 전문 서적을 출판하기도 했다. 최근에는 메밀

질은 제2형 당뇨병의 치료에 효과가 있는 것으로 추정되어 물질 정제 등 연구를 진행하고 있다. 메밀의 루틴은 모세혈관과 동맥을 강하고 유연하게 하는 것 이외에도 비타민 C의 산화를 억제하여 혈관 내벽의 손상을 방지한다. 30g의 메밀을 매일 섭취하면 혈압강하효과도 볼 수 있다. 또한, 메밀 단백질의 섭취가 실험동물의 체지방량을 감소시켰다는 연구 결과도 있다. 메밀에서 고 루틴·고 항산화 활성 등의 연구가 이루어져 왔지만, D-chiro-inositol(DCI)에 관한 유전자원의 함량조사 및 품종 육성 연구는 진행되지 않았다. 동물실험에 있어서 혈당 강하 작용이 인정되고, 생활 습관병의 하나로서 심각한 사회 문제가 되는 비만·당뇨병의 치료·예방 효과가 기대되고 있다. 필자는 메밀 당뇨의 유용한 물질인 D-chiro-inositol 함량의 검출 방법을 조사하고 있다.

메밀의 계절

필자의 메밀과의 인연도 35년이 되었다. 그동안 국내외 메밀 유전자원 수집, 세계 최초 자식성 메밀 육성, 자식성 메밀의 국제유전학회에서 초유전자 모델 상정 및 유전자 명명 등록, 메밀의 건강 기능성 식품 연구, 메밀 싹을 이용한 비만·당뇨병 예방을 위한 식의약적 연구, 메밀 잎을 이용한 바이오·헬스 연구, 메밀의 화장품 천연물 연구 등등 왕성한 연구로 세계 메밀학회 회장 및 메밀 과학의 국제적인 권위자로 인정받았다. 지금에 와서 생각해 보니 건강에 관심도가 높은 요즘 마이너 작물인 메밀 연구에 집중한 것이 나를 세계적인 연구자로 만든 것 같다.

한중NRF-NSFC 협력 연구, 한일NRF-JSPS 협력 연구 및 한중핵심 공동연구를 수행하면서 메밀이 가지고 있는 잠재적인 기능이 우리 인간에게 얼마나 도움이 되는지에 대하여 중요성을 부각시켰다. 특히 중국농업과학원 유전자은행과의 국제 공동연구는 메밀 연구 결과를 세계적인 수준으로 끌어올렸다. 그 결과 세계 최초로 쓴메밀의 기원을 규명하였으며, 세계 우수 저널에 많은 논문을 게재하는 등 일반 메밀과 쓴메밀 연구 분야에서 탁월한 성과를 거두었다. 그리고 러시아, 중국, 한국, 인도 등 세계 각 지역에서 수집된 메밀 유전자원의 특성, 기원, 분포, 유전적 다양성을 연구하고, 이를 바탕으로 세계의 메밀 유전자원에 대한 전문 서적을 출판하기도 했다. 최근에는 메밀의 건강 기능 및 식품·의약품 산업에서의 잠재적 가치를 강조하며, 식량 안보 문제 해결 방안으로 메밀을 제시하기도 했다. 이처럼 평생 메밀 연구를 통해 국제적인 명성을 얻었고, 자식성메밀 육성, 초유전자 모델 작성, 메밀의 유전적 다양성 연구, 쓴메밀의 기원 규명, 메밀의 가치 발굴 등에 기여하며 세계 메밀 연구를 선도하고 있다.

삶의 질을 향상시키고자 하는 현대인은 건강과 무병장수에 대한 기대심리가 높아 건강기능식품으로서의 '메밀'이 각광받고 있다. 쓴메밀 추출물이 비만·당뇨, 혈관질환에 탁월한 효과가 있음은 이미 알려져 있다. 메밀의 종합적인 연구를 통해서 고품질 품종 개발로 농가에 보급하고, 식·의약 추출물에 대한 고부가가치 산업으로 메밀에 관한 연구가 시급하다. 국제적 경쟁력을 확보하고 지역의 특화사업으로 세계적인 브랜드 발굴의 기회를 얻는 것이 어떨까?

메밀의 계절이 돌아왔다. 찜통더위에 시원한 냉면과 막국수는 우리의 입맛을 돋우는 여름 음식이다. 메밀은 흰 밀가루보다 영양소가 풍부하고 혈당 상승을 억제한다. 혈당이 오를 걱정은 접어두고 박승흡 회장의 메밀 순례길을 따라 냉면이나 막국수 한 그릇을 맛있게 먹으며 시원한 여름을 보내자.

박승흡의 메밀 순례기
_구황에서 미식으로

제1판 1쇄 인쇄	2025년 6월 23일
제1판 1쇄 발행	2025년 6월 26일

저자	박승흡
펴낸이	김덕문
책임편집	손미정
디자인	놈normmm
영업책임	이종률
제작	정우미디어

펴낸곳	더봄
등록일	2015년 4월 20일
주소	서울시 마포구 어울마당로 130, 3층 3105호(기린빌딩)
대표전화	02-975-8007 ‖ **팩스** 02-975-8006
전자우편	thebom21@naver.com
블로그	blog.naver.com/thebom21

ⓒ 박승흡, 2025
ISBN 979-11-92386-36-2 13980

- 이 책의 내용의 전부 또는 일부를 재사용하려면 반드시 저작권자와 출판사 더봄 양측의 동의를 받아야 합니다.
- 책값은 뒤표지에 표시되어 있습니다.
- 잘못된 책은 서점에서 바꾸어 드립니다.